JN246436

東北アジア学術読本　5

世界遺産を学ぶ

——日本の文化遺産から——

入間田宣夫
仲野　義文
荒武賢一朗

東北大学出版会

Sekaiisan o manabu :
Nippon no bunkaisan kara
[Let's learn a world heritage :
World cultural heritage of Japan]

IRUMADA Nobuo, NAKANO Yoshifumi, ARATAKE Kenichiro

Tohoku University Press , Sendai
ISBN978-4-86163-263-1

まえがき

本書は、二〇一三年一二月七日、仙台市戦災復興記念館において開催された公開講演会「世界遺産からのメッセージ―平泉・石見銀山の歴史力―」(主催:東北大学東北アジア研究センター、共催:東北アジア学術交流懇話会)の成果をもとに構成している。

講演会当日は、本書でこれから紹介する入間田宣夫氏(東北大学名誉教授、一関市博物館館長)、仲野義文氏(石見銀山資料館館長)のお二人をお招きし、貴重なご講演を頂戴した。

最近話題となったのは、富士山や富岡製糸場の世界文化遺産への登録である。これまでも国内の世界遺産が決定するたびに、さまざまなメディアがそれを報じ、一般にも広く伝えられてきた。京都や奈良、そして沖縄といった歴史的に馴染みのあるところや、登録をきっかけにして知名度を大きく高めた屋久島や熊野古道も、名前を聞けばだいたいイメージができる。しかし、その重要性や意義は理解しているものの、世界遺産の登録に関して知っていることがどれだけあるだろうか。今回の公開講演会を企画する出発点は、このような素朴な疑問からだった。

当日は予想をはるかに上回る一二五名の参加者があり、仙台市民、宮城県民のみならず、他県からも来場された方々がおられた。講師のお二人、また世界遺産というテーマへの注目度を示しているものと思われる。

講演会では最初に、東北大学東北アジア研究センターの岡洋樹センター長より開会挨拶がおこな

写真１　公開講演会の様子

われた。そのなかでは、地域研究と歴史・文化の関係、そして世界遺産に関する研究が地域の発展や人々の生活に直結する意義について述べられた。

入間田宣夫氏には、長年ご自身が取り組んでこられ、世界遺産登録にも尽力をされた岩手県平泉についてご講演をいただいた。入間田氏のご専攻は歴史学（日本中世史）で、東北アジア研究センターの創設から教授として活躍された。現在は、岩手県一関市博物館の館長を務めておられるほか、東北地方の中世史を幅広く研究されている。平泉では、「平泉の文化遺産」世界遺産登録推薦書作成委員会委員に就任し、具体的な調査・研究に力を注いでこられた。その成果は、『日本の中世五―北の平泉、南の琉球―』（中央公論新社、二〇〇二年）、『都市平泉の遺産』（山川出版社、二〇〇三年）、『平泉

写真２　入間田宣夫

の政治と仏教』（高志書院、二〇一三年）など多くの著書で披露されている。

仲野義文氏は、石見地方をはじめとする島根県の地域史研究を専門とされ、石見銀山資料館の館長として活躍されている。著書『銀山社会の解明』（清文堂出版、二〇〇九年）では、石見銀山に関する歴史の流れや、それに関わる人々の社会状況について詳細をまとめられている。石見銀山の世界遺産の登録にも専門家の立場から尽力され、アジアで初めての鉱山遺跡「石見銀山」が世界遺産になった経緯をよくご存じの人物である。

本書では、この世界遺産に精通されたお二人の講演内容とともに、企画者の一人、荒武賢一朗が少し視角を変えた立場から世界遺産について論じた、合計三本をこれから皆様にお読みいただきたい。

公開講演会終了後に、来場者の皆様からアンケートをお寄せいただいた。そのなかで、参加しようと

写真３　仲野義文

思った理由を尋ねると、半数近くの方が「世界遺産に関心があるから」と回答された。また、講師の先生方の研究・書籍に興味をひかれたことも大きかったようである。新聞やテレビ、インターネットでは、なかなか深くまで情報を得られないが、本書を通じて各位の新たな知識の獲得に貢献できれば、この上ない喜びである。

（荒武賢一朗）

写真４　公開講演会のポスター

目次

1 平泉の世界文化遺産の価値づけをめぐって

入間田宣夫

はじめに

平泉の文化遺産は、フランスのパリで開催の第三五回ユネスコ世界遺産委員会における審議を経て、二〇一一年六月二九日、「世界遺産一覧表」に記載（登録）されることになりました。日本国内の世界遺産としての一六番目の記載（登録）になります。そのうち、文化遺産に限っていうならば、一二番目です。

そのニュースは、「三・一一東日本大震災」に見舞われて間もなくの人びとを元気づけ、復興に向けた勇気を奮い立たせることになりました。それ以前、二〇〇八年七月には、カナダのケベックシティで開催の第三二回ユネスコ世界遺産委員会における審議において、「記載延期」の勧告をうけるという出来事がありました。その辛い経験を乗り越えて、再チャレンジしてきたことが実ったかたちになったのです。そのこともまた、人びとに励ましを与えたといえるでしょう。

平泉は一二世紀に奥州藤原氏が、仏教にもとづく理想世界の実現を目指して造営した東日本最大の都市でした。そこには、数多くの寺院建築や庭園が競い立ち、美しい自然環境と融けあいながら、見事なアンサンブルをかたちづくっていました。そのうち、今回登録された資産には、中尊寺・毛越寺・観自在王院跡・無量光院跡に関わる建築や庭園群です。そのうえに、もうひとつ、金鶏山《きんけいさん》という自然の山です。

それらの資産のうち、中尊寺金色堂は、創建当初における壮麗な姿を維持してきました。同じく、

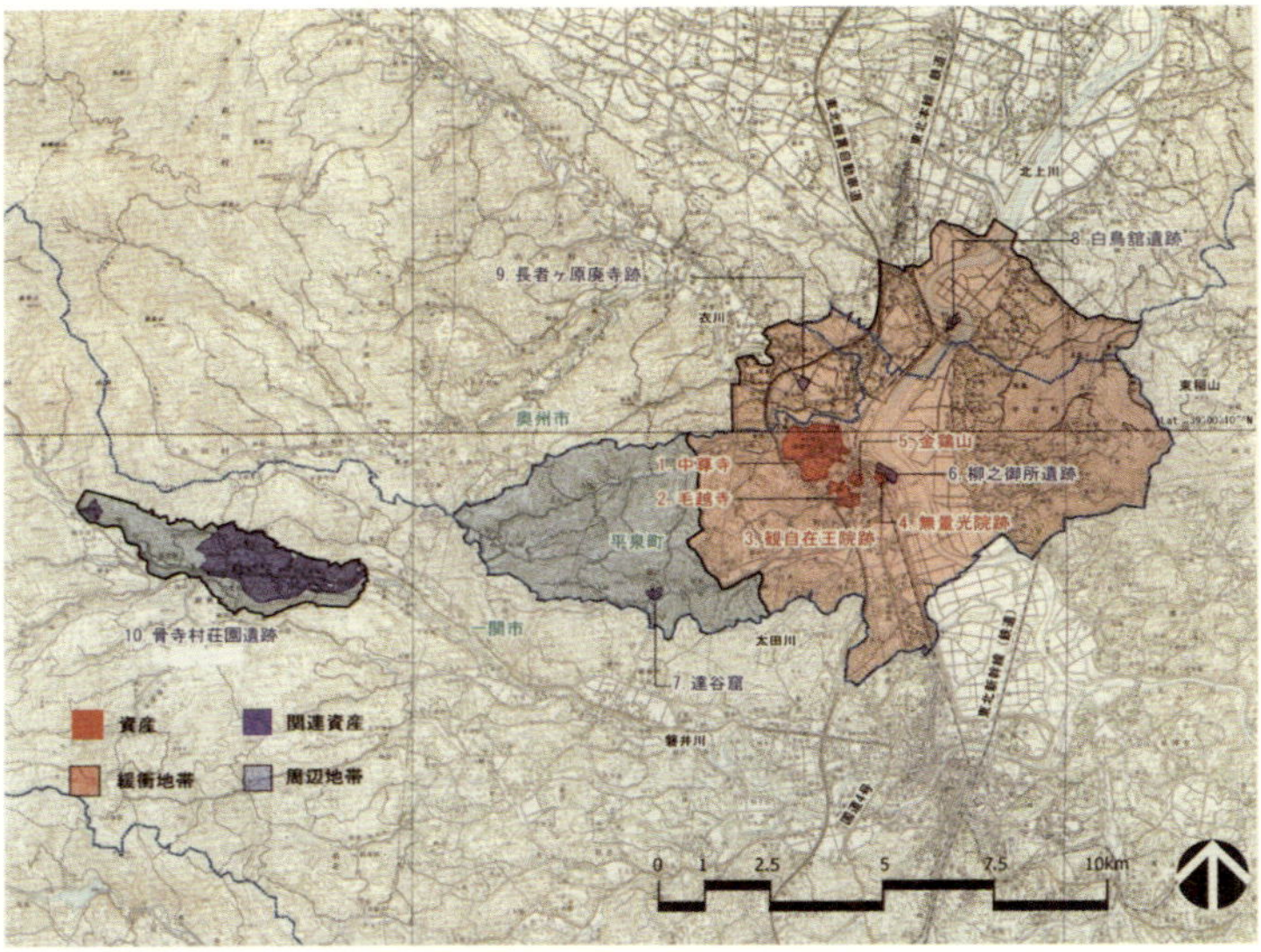

図１　「平泉の世界文化遺産をかたちづくる五つの構成資産」
あわせて、追加登録をめざす五つの構成資産にも、注目していただきたい。
（岩手県教育委員会『平泉の世界文化遺産』2011 年より）

毛越寺・観自在王院の庭園は、復元・整備によって当初の姿を回復し、金鶏山の霊峰も変わらない姿を見せてくれています。ほかにも、仏堂・庭園の多くが、遺跡として良好な姿を保存しています。さらにいえば、金鶏山には経塚のタイムカプセルを埋納する「聖なる山」として、それらの建築・庭園群の複合体（アンサンブル）を関連づける「扇の要」ともいうべき役割が付与されていました。

　東アジアにおける中世都市は、その多くが仏教のコスモロジー（宇宙観）に即してかたちづくられていました。西欧における中世都市がキリスト教のコスモロジーに、同じく中東世界の中世都市がイスラム教のそれに即して建設されたことに比べると、大きな違いです。けれども、それらの東アジアにおける中世都市のかたちの多くは失われています。ところが、平泉にはその仏教的コスモロジーに即してかたちづくられた中世都市の景観が、大きな変容を蒙ることなく保存されているのです。「平泉―仏国土（浄土）を表す建築・庭園及び考古学的遺跡群―」というタイトルのもとに、世界文化遺産に平泉が登録されることになったのは、そのような深い事情によるものでした。

一．世界遺産委員会によって採択された評価基準

世界遺産に登録されるためには、ユネスコ世界遺産委員会における審議によって、「顕著な普遍的価値あり」と評価されることが必要です。具体的には、「顕著な普遍的価値の評価基準」として定められている（ⅰ）～（ⅵ）の六項目のうち、いずれかに合致していると認定されることが必要です。

今回、平泉の登録にさいして、認定された「評価基準」は、（ⅱ）（ⅵ）の二項目でありました。

そのうち、（ⅱ）については、「建築、科学技術、記念碑、都市計画、景観設計の発展に重要な影響を与えた、ある期間にわたる価値観の交流又はある文化圏内での価値観の交流を示すものである」とされています。そして、（ⅵ）については、「顕著な普遍的価値を有する出来事（行事）、生きた伝統、思想、信仰、芸術的作品、あるいは文学的作品と直接または実質的関連がある」と書かれてあります。

それを受けて、平泉に即して具体的に記された文章では、

（ⅱ）平泉の寺院と浄土庭園は、仏教とともにアジアからもたらされた作庭の概念が、日本独特の自然信仰である神道に基づきどのように進化を遂げ、結果的にそれが日本に独特の計画の概念及び庭園の意匠設計の概念へとどのように発展を遂げたのかを顕著に明示している。平泉の庭園と仏堂は、その他の都市の庭園・仏堂にも影響を与え、特に鎌倉には中尊寺に基づく仏堂のひとつが存在する。

（ⅵ）平泉の浄土庭園は、東南アジアへの仏教の普及、日本に固有の自然信仰の精神及び阿弥陀如来の極楽浄土思想と仏教との明確で独特の融合を疑いなく反映している。平泉の仏堂と庭園の複合体から成る遺跡群は、現世における仏国土（浄土）の象徴的な顕現である。

とされています。

確かに、その通りです。アジアからもたらされた作庭の概念が、日本独自の自然信仰に融合した仏教に響きあいながら日本独特の庭園意匠をかたちづくったとして、評価基準（ⅱ）のキーワードである「価値観の交流」が見事に適用されています。

同じく、（ⅵ）における「顕著な普遍的価値を有する出来事」のキーワードが、仏教の東南アジアへの普及という世界史的な出来事に即して、さらには日本に固有の自然信仰の精神と仏教との融合という事象に即して、見事に適用されています。

そのうえで、金鶏山については、「浄土庭園をともなう仏堂の複合体、及びそれらと視覚的な結

び付きを持つ聖なる山（金鶏山）」、ないしは「金鶏山と他の四つのアンサンブル（仏堂・庭園）との間の阻害のない展望」ほかの記述が盛り込まれています。

これまでは、「古都京都の文化財」「古都奈良の文化財」を構成する寺社や庭園など、個別の文化財（群）が資産として登録されることはあれども、それぞれの構成資産が有機的に関連づけられた複合体（アンサンブル）として認定され、さらには自然の山までもが関連づけられる、などのことはありませんでした。画期的なことであります。

写真１　「柳之御所遺跡」を区画する大堀の発掘風景
（入間田宣夫撮影、1988 年）

しかしながら、柳之御所遺跡は、政庁跡であるから浄土庭園群とは直接的な関連がない、として資産構成から外されてしまいました。柳之御所遺跡は、奥州藤原氏の政庁兼居館たるべき「平泉館《ひらいずみのたち》」の遺跡でした。仏堂・庭園群の複合体（アンサンブル）を構想し、金鶏山を取り込んだ景観設計にあたった都市平泉の主人公が居住する中心的な施設でした。そのうえに、遺跡の発掘現場では藤原氏の豪奢な暮らしぶりを物語る遺構・遺物がふんだんに検出されています。その財力に満ちた中心的な施設なくして、それらの複合体や景観がかたちづくられることはできなかったのです。世界遺産委員会では、「巨大な（政治・行政上の）拠点に存在し、浄土庭園、一二世紀から残存する顕著な仏堂、神聖なる金鶏山との関係を伴う四つの寺院仏堂の複合体は、平泉の財力を反映する類い希なる集合であり」と評価されたのにもかかわらず、その景観形成のエンジンの在所ともいうべき柳之御所遺跡が外されてしまったことは、想定外の事態でありました。

二．それまでの経過を振り返って

そもそもの始まりは、一九八八年、柳之御所遺跡の本格的な発掘・調査にありました。北上川の洪水対策のために大規模な遊水地を造成し、そのために構築される長大な堤防を国道四号線のバイパスとして活用する、という開発事業にともなう緊急の発掘・調査でした。したがって、発掘・調査終了の後には、遺跡は破壊されてしまうと、誰もが思わざるをえない状況にあったのです。ところが、発掘・調査が始まるや否や、長大な空堀に囲まれた広大にわたる遺跡が、すなわち奥州藤原氏の「平泉館」（政庁兼居館）の遺跡が姿をあらわしたのです。それによって、藤原氏の暮らしぶりが鮮明に浮かび上がってきました。この歴史的価値の極めて高い貴重な遺跡を保存しようという声が全国的な高まりをみせて、工事計画が変更されることになったのです。それを受けて、一九九七年には、国史跡に指定されて、永久に保存されることになりました。あわせて、平泉研究の活性化がもたらされて、中世都市としての平泉の姿が鮮明に浮かび上がってきました。

そのような盛り上がりを受けて、わが国の世界遺産暫定一覧表に平泉が記載され、ユネスコ世界遺産委員会への申請を目指す取り組みが開始されたのは二〇〇一年のことでした。そして、ユネスコ世界遺産委員会への申請（推薦書提出）に至ったのは、二〇〇六年のことです。

最初の申請の推薦書には、「平泉―浄土思想を基調とする文化的景観―」というタイトルのもとに、柳之御所遺跡のほか、中尊寺・毛越寺（観自在王院跡を含める）・無量光院跡・金鶏山、そして都市平泉の郊外に展開する達谷窟《たっこくのいわや》・長者ヶ原廃寺跡・白鳥館《しらとりだて》遺跡、さらには骨寺《ほねでら》村荘園遺跡及び一関本寺《ほんでら》の農村景観、という九つの構成資産が取りあげられていました。それらの構成資産が、個々バラバラにはあらず、混然一体となって、総体として、浄土思想を基調とする文化的景観をかたちづくっているという中心的なアピールが鮮明にされていたといえます。けれども、二〇〇八年七月、カナダのケベックシティで開催の第三二回ユネスコ世界遺産委員会における審議においては、そのアピールが受け容れられず、「記載延期」の勧告をうけるという結果になってしまいました。

委員会における審議では、郊外に展開する四つの資産には、浄土思想との関連性が乏しい。空間的にも連続しておらず、混然一体とはいえない。そして、藤原氏の政庁兼居館たるべき柳之御所遺跡にも、浄土思想との直接的な関連性が乏しい。ならびに、中尊寺を始めとする中心域の資産群についても、それらの中間に介在するスペースに現代の街並みが入り込んでいて、文化的景観のタイトルに相応しい面的な一体性・連続性に乏しい。というような意見が交わされました。また、浄土思想のキーワードそのものが、専門的に過ぎて、西欧諸国を中心とする審査委員には馴染みにくい。仏教というキーワードならばまだしも、というような事情がありました。

さらにいえば、「顕著な普遍的価値の評価基準」として定められている（ⅰ）～（ⅵ）の項目のうち、(ⅲ)「ある文化的伝統又は文明の存在を伝承する無二の存在(少なくとも稀有の存在である)」、(ⅳ)「歴史上の重要な段階を物語る建築物、その集合体、科学技術の集合体、あるいは景観を代表する顕著な見本である」、（ⅴ）「あるひとつの文化（または複数の文化）を特徴づけるような伝統的な居住形態、若しくは陸上・海上の土地利用形態を代表する顕著な見本である。又は人類と環境のふれあいを代表する顕著な見本である（特に不可逆的な変化によりその存続があやぶまれているもの)」、という三つの項目に関連づけて、平泉のもっている顕著な普遍的価値を証明しようとしたことについても、理解を得られないという事情がありました。

そのために、再度の推薦書においては、「文化的景観」のキーワードを取り下げて、ならびに浄土思想のキーワードに膨らみをもたせるべく、「仏国土（浄土）」のそれに入れ替えて、「平泉―仏国土（浄土）を表す建築・庭園及び考古学的遺跡群―」のタイトルを掲げることになったのでした。あわせて、郊外に展開する四つの資産については、短期間に理解を求めることは難しいとする判断から割愛して、中心域に展開する五つの資産、すなわち中尊寺・毛越寺・観自在王院跡・無量光院跡・金鶏山に、柳之御所遺跡を加えた六つの資産を記載したのです。その結果として、前記の通り、中尊寺・毛越寺・観自在王院跡・無量光院跡・金鶏山の五つの資産が、世界遺産に登録されることになりました。

当初の発想の通りではありませんが、少なくとも、それらの五つの資産が混然一体となって、「仏国土（浄土）」に相応しい世界をかたちづくっていることが認められました。委員会の決議文に、「アンサンブル」というキーワードが盛り込まれていることが、そのなによりもの証明です。平泉には、「仏教的なコスモロジー（世界観）に基づいて、複数の資産をもってかたちづくられる混然一体の世界あり」、とする日本側の当初からのアピールが受け容れられることになったのです。文化的景観のキーワードこそないけれども、金鶏山と他の四つの「アンサンブル」との「視覚的な結び付き」「阻害のない展望」ということで、実質的には、そのキーワードに込められた意味あいが受け容れられることになったのです。これは大きな成果でした。

ただし、柳之御所遺跡が外されてしまったことは、残念なことでした。都市平泉における類まれなる「アンサンブル」を生み出す原動力のありかを物語る特別に貴重な遺跡のことです。都市平泉の世界遺産登録に向けた、そもそもの出発点をかたちづくる特別に大事な遺跡のことです。それがなぜに外されてしまったのか。納得がいきません。これからは、その遺跡の追加登録を目指して、がんばっていかなければなりません。

その間に、柳之御所遺跡の保存をめざす国民的な運動に参画するのにあわせて、「指導委員会」の一員として発掘・調査の進捗状況を見守る、さらには「推薦書作成委員会」の一員として世界遺産登録の取り組みに加わるなど、貴重な経験をさせていただくことができました。まことに、ありがたいことでした。それだけに、柳之御所遺跡が外されてしまったことは、大きな衝撃でした。けれども、がっかりしてばかりではいられません。ここら辺りで、気を取り直して、追加登録を目指す取り組みに邁進していきたいものです。

それにあわせて、郊外に展開する四つの資産です。それらについては、「短期間に理解を求めることは難しい」ということで、今回の推薦書には記載を見送ったのでしたが、それらの「顕著な普遍的価値」の存在については、疑う余地なしであります。

達谷窟は中心域に参入する玄関口にあたるモニュメンタルな宗教施設として、長者ヶ原廃寺跡は中尊寺ほかの寺院群に先行する原初の宗教施設として、白鳥館遺跡は中心域における都市生活をサポートする交易拠点として、同じく骨寺村荘園遺跡及び一関本寺の農村景観は中尊寺の宗教活動を、経済的かつ精神的にサポートする寺領荘園として、ないしは「仏国土（浄土）」の農村的バージョンとして、「顕著な普遍的価値」が存在することについては、疑う余地なしです。そのうえに、この数年の間に、それを証拠づける新しい発見があいついでいます。したがって、これからは、柳之御所遺跡の追加登録にあわせて、それらの資産の追加登録を目指すべく、がんばっていかなければなりません。

三．世界遺産委員会における審議の流れについて

一九七二年、第一七回ユネスコ総会にて、「世界の文化遺産および自然遺産の保護に関する条約」（世界遺産条約）が成立してから、四〇年あまりが経過しました。その間に、登録された世界遺産の総数は、一〇〇〇件を超えています。日本では一九九三年に、法隆寺と姫路城が登録されたのが最初です。そして、二〇一一年に登録された平泉が一六番目ということになります。

世界遺産委員会の審議では、たとえば、西欧の古い教会（聖堂）のように、石造りの建築を偏重する流れがありました。そのために、アジアにおける木材や土を用いた建築は、「壊れやすく、そんなに古いわけがない」として、軽視される傾向を免れませんでした。けれども、木材や土を用いていても、職人が伝統的な技を継承して、部材を更新しながら、本来の姿を維持しているばあいには、「古い」ものと認定しても差支えがない。西欧中心の基準に拘っているのは、問題であるというような声が湧きあがって、途中から変更されることになりました。日本の法隆寺と姫路城は、そのような基準の変更を受けて、ようやく、世界遺産に登録されることになったのでした。

また、個別の建築には止まらず、いくつもの建築が織りなす街並みの景観、さらには農村風景というような空間的な広がりに着目するような審議の流れが生み出されることにもなりました。さらには、美術的な価値ありということばかりではなく、人びとのユニークな生活を端的に物語ることに着目するような流れが生み出されることにもなりました。世界遺産が、西欧中心の、かつ美術史

偏重の価値観を克服して、全人類のくらしの歴史に即応する価値観を具えるまでに進化しつつあることの証明であります。これほどに、喜ばしいことはありません。そのような流れが生み出されることがなかったならば、「白川郷・五箇山の合掌造りの集落」や、広島の「原爆ドーム」が、そして「紀伊山地の霊場と参詣道」が、さらには「石見銀山遺跡とその文化的景観」などが、世界遺産に登録されることはなかったでしょう。

最初の申請の推薦書における「平泉―浄土思想を基調とする文化的景観―」というタイトルは、そのような世界遺産委員会における審議の流れの変化に即応するかたちで案出されたものでした。すなわち、中心域の資産群にあわせて、郊外に展開する達谷窟・長者ヶ原廃寺跡・白鳥館遺跡、さらには骨寺村荘園遺跡及び一関本寺の農村景観など、四つの資産群を取り上げるという提案は、そのような世界遺産委員会における「空間的な広がり」重視の流れに即応するかたちで誕生したのでした。

ところが、それは受け容れられることなく、「記載延期」の決定が下されることになってしまったのでした。たとえば、浄土思想との関連性が低いのではないか。また、空間的にも連続しておらず、混然一体とはいえない。ならびに、中尊寺を始めとする中心域の資産群についても、それらの中間に介在するスペースに現代の街並みが入り込んでいて、文化的景観のタイトルに相応しい面的な一体性・連続性に乏しいのではないか。というような意見が交わされたことは、前記した通りです。

それらの反対意見の背景には、「文化的景観は純粋な農村景観に限られる」というような意識があったように思います。すなわち、フランスの渓谷一面に広がった麦畑の風景や、ライン川沿いに連続的に展開するブドウ畑の風景のような農村風景に限られる。というような固定観念の強いしばりがあったように感じられてなりません。あえていうならば、宗教的なコスモロジーによってかたちづくられる文化的な景観の存在についての理解不足があったように見受けられます。そもそも、「面的な一体性・連続性」にこだわる必要が、どこまであるのか。そういった疑問さえも、感じられてなりません。

実は、「紀伊山地の霊場と参詣道」や、「石見銀山とその文化的景観」に関わる審議においても、「面的な一体性・連続性」が問題にされたのでした。けれども、それらのばあいには、重要な構成資産たるべき霊場群や銀鉱山・積出港などが、個々バラバラに展開しているように見えても、参詣道・運搬路などによって、結びつけられることによって、空間的一体性を付与されているということで、その問題をクリアすることができた。このような話を耳にしています。それならば、平泉のように、宗教的なコスモロジーによってかたちづくられる文化的な景観のばあいにも、行き交う人びとの視線によって結びつけられる資産群の空間的な一体性を認める。というような柔軟な態度を採用することが可能だったのではないでしょうか。

それに対して、再度の推薦書における「平泉—仏国土（浄土）を表す建築・庭園及び考古学的遺跡群—」の審議にさいしては、「中尊寺・毛越寺・観自在王院・無量光院跡・金鶏山という五つの資産の間には、仏教的なコスモロジー（世界観）に基づいてかたちづくられる混然一体の世界あり」とする日本側の当初からのアピールが受け容れられることになったのでした。文化的景観のキーワードこそないけれども、実質的には、そのキーワードに込められた意味あいが受け容れられることになったのです。すなわち、当初における固定観念を改めて、柔軟な態度を採用させることが可能になったのです。

これほどに、喜ばしいことはありません。そのような柔軟な態度の採用は、世界遺産の登録をめぐる審議のありかたに対して、すなわち世界遺産進化の方向性に対して大きな前向きの影響を及ぼすことになるのに違いありません。平泉のばあいに即して具体的にいうならば、郊外に展開する四つの資産の追加登録の方向性に対して大きな前向きのインパクトをもたらすことになるでしょう。

四．富士山と鎌倉の世界遺産登録の可否をめぐって

二〇一三年六月、カンボジア・プノンペンにて開催の第三七回ユネスコ世界遺産委員会では、「富士山─信仰の対象と芸術の源泉─」の登録が決議されました。それに対して、「武家の古都・鎌倉」については、「不記載」が適当との結論に終わってしまいました。

そのうち、富士山については、「古代から今日に至るまで山岳信仰の伝統を鼓舞し続けてきた」ことが述べられ、ならびに、「古来、詩・散文その他の芸術作品にとって、創造的感性の源泉であ

り続けた」とし、「葛飾北斎及び歌川広重により浮世絵に描かれた富士山の図像は、西洋の芸術の発展に顕著な影響をもたらし」たことの二点が評価されています。前者は評価基準（iii）「ある文化的伝統又は文明の存在を伝承する無二の存在」に即したものでした。同じく、後者は（vi）「顕著な普遍的価値を有する出来事（行事）、生きた伝統、思想、信仰、芸術的作品、あるいは文学的作品と直接または実質的関連がある」によるものです。端的にいうならば、北斎の「波裏富士」の名画が西欧の芸術に与えたインパクトがなかったならば、富士山の世界遺産登録は難しかったのかもしれません。すなわち、「日本民族の誇り」など、内向きのアピールを百万遍くりかえしたとしても、世界遺産にはなれなかったということであります。

振り返ってみれば、富士山は、世界遺産とはいっても、自然遺産のジャンルで登録を目指すことから出発したのでした。国内的な世論の盛り上がりは大きく、国会決議にまでいたったほどです。けれども、美しい円錐形の火山の存在は、日本だけには止まりません。世界の各地に見られるものです。そのうえに、富士山麓には溢れかえるごみの山がありました。本当に世界遺産を目指すのならば、ごみの山を何とかすることから出直すほかはない、あわせて、「自然遺産にはあらず」、富士山によって体現される文化的な価値をアピールして、文化遺産としての登録を目指すほかはない、ということになったのでした。そのような勇気ある出直しによる成果として、今回の世界遺産登録を大きく評価することができるでしょう。

ただし、世界遺産委員会に先駆けて開催されたイコモス（国際記念物遺跡会議）の審議においては、

「三保の松原は四五キロメートルも離れており、富士山の一部として考慮し得ない」として、構成資産から外されていました。しかし、委員会の審議においては、大多数の委員国から三保の松原を含めるべきとの意見が表明され、これを含めるかたちで登録することになったのです。ここにおいても、当初における固定観念が改められて、柔軟な態度が採用されるという経過を確かめることができるでしょう。

それに対して、「武家の古都・鎌倉」については、イコモスの諮問において、「不記載」が適当とする決定がなされ、世界遺産委員会の審議でも、その通りになってしまいました。「不記載」が適当とされた理由としては、「武家の精神的な側面は示されているが、防御的側面については部分的にのみ示されており、さらにその他の観点（都市計画・経済活動・人々のくらし）についての証拠が欠けている」ということがあげられています。

円覚寺や建長寺ほか、武家好みの禅宗文化に関わる資産は計上されているけれども、「古都」のキーワードに相応しい資産が不足している。具体的には、史跡・防御的な要素、武家館跡、港跡、市街地・権力の証拠・生活の様子などに関わる資産が足りないとのことであります。たしかに、その通りです。その端的なあらわれとして、武家政権の中枢ともいうべき鎌倉将軍家の御所（「幕府」）跡が、本格的な発掘・調査を施されることなく、放置されていることを指摘することができるでしょうか。一事が万事、鎌倉における都市遺跡の発掘・調査には著しい立ち遅れが目立っています。都市化現象が顕著な自治体としては、無理からぬ側面もないではない。けれども市当局として、もう少し発掘・

調査に手間暇を懸けてもよいのではあるまいか。そのような声があげられていましたし、あわせて、構成資産の不足にもかかわらず、「古都」として世界遺産に登録される、などということはありえない。とするような意見も多くありました。そのような危惧の声に即応するような結論に、世界遺産委員会の審議が立ち至ったことには、まことに残念としか、いいようがありません。それにつけても、史跡や景観の保護、そして発掘・調査の継続など、地道な取り組みの積み重ねがなければ、「世界遺産の登録もありえない」ということができるでしょうか。

けれども、「武家の古都・鎌倉」に関わるイコモスの審議において、史跡・防御的な要素、武家館跡、港跡、市街地・権力の証拠・生活の様子などの重要性が指摘されたことは、平泉柳之御所遺跡ほかの追加登録を目指すうえで、大きな励ましを与えてくれるものでした。都市平泉において、「武家政権の中枢ともいうべき鎌倉将軍家の御所（「幕府」）跡」に相当する重要な遺跡が柳之御所遺跡であったことは、繰り返すまでもありません。その重要な遺跡が、平泉のばあいには、本格的な発掘・調査によって、威風堂々の姿をあらわしており、国史跡に指定されるなどの目に見える成果が出されています。それならば、鎌倉に関わるイコモスの審議を援用し、「武家館跡」「権力の証拠」「生活の様子」の重要性に鑑みるならば、柳之御所遺跡が世界遺産に相応しい普遍的な価値を具えているとすることには何の問題もない、ということになるのではないでしょうか。これは柳之御所遺跡だけではありません。郊外に展開する骨寺村荘園遺跡にしても、白鳥館遺跡ほかの資産群にしても、鎌倉に関わる審議にて指摘の重要性に背馳せざるはなし、ということができるでしょう。

ただし、柳之御所遺跡については、平泉に関わる世界遺産委員会の審議においても、「考古学的遺跡群」のサブ・タイトルが承認されるのにあわせて、「地下に埋蔵されている考古学的な情報資源を積極的に保護すること」が指摘されていました。そのうえに、審議のなかでは、柳之御所遺跡を構成資産に加えるべし、という声があがることもありました。けれども最終的には、柳之御所遺跡がはずされるという原案を覆すことはできませんでした。しかしながら、鎌倉に関わる審議を経過した現在ならば、柳之御所遺跡を外すなどの意見が出されるはずがないと思うのですが、読者の皆様はいかがでしょうか。

大きな視野で考えてみると、イコモスも、世界遺産委員会も、進化のプロセスの真っ最中にあるのです。われわれは、そのプロセスをしっかりと見極めることによって、世界遺産のレベルの向上を後押しすることを目指してゆかなければなりません。

五. 仏国土（浄土）の広がりを考える

平泉の都市建設は、そのまま、仏国土（浄土）の構築でありました。けれども、そこにおける仏堂や庭園だけが仏国土（浄土）を表すとは限りません。奥州藤原氏の構築しようとした仏国土（浄土）は、都市平泉の領域を遙かに超えて、みちのく世界に及んでいたのであります。

たとえば、平泉藤原氏初代清衡は、白河関から外が浜に至る奥大道《おくだいどう》（幹線ルート）の中間点を計って、すなわち当国の中心を割り出して、その山頂に「一基の塔」(法華経を納める)にならべて「多宝寺」を、すなわち仏によって見守られるべき三千世界の中心たるべき多宝塔を建立しています。それによって、「仏国土みちのく」の中心たるべきことをアピールすることに成功しています。それが、関山中尊寺の始まりでありました。そして奥大道の沿線には、一町(一〇八メートル)を進むごとに、金色の阿弥陀像を図絵した「笠卒都婆《かさそとば》」を造立させました。徒歩にて廿日あまりのルートの始まりから終わりまで、数えて五千本あまりの「笠卒都婆」群が林立するありさまは、壮観そのものだったのに違いありません。

そのうえに、奥大道が中尊寺の山頂に差しかかる辺りには、特別の仕掛けが施されていました。すなわち、その道筋の左右には、一基の塔と「多宝寺」というモニュメンタルな建築が屹立して、旅人の目を驚かせる。という仕掛けになっていたのでした。それによって、旅人は、否が応でも、みちのく世界における仏国土(浄土)の構築に懸ける清衡の決意を体感しないわけにはいかない。そういうことになっていたのでした。

清衡は、陸奥・出羽両国にある一万余の村々に、その村毎に、「伽藍」(仏堂)を建立し、「仏性燈油田《ぶっしょうとうゆでん》」を寄附したと伝えられます。さらには、清衡・基衡・秀衡の「三代・九十九年」の間に造立された「堂塔」は、「幾千万宇」を知らず。数えきれないレベルに達していたと伝えられてもいます。たとえば、都市平泉の郊外に展開する骨寺村荘園遺跡には、そのような村毎のレベルにおける仏国土(浄土)構築のありさまが、二枚の絵図ほかによって、ものの見事に物語られていました。これからは、そのようなみちのく世界の全域にわたる仏国土（浄土）の広がりにも注意しながら、追加登録の取り組みを進めていかなければなりません。

そして、清衡の晩年における中尊寺「鎮護国家大伽藍」の造営です。その百体あまりの釈迦如来を安置する「大釈迦堂」の落慶供養にて読み上げられた「供養願文《くようがんもん》」には、注目すべき文言が挿入されていました。「苦しみを抜き、普《あまね》く皆平等」、「官軍・夷虜の死すること、古来幾多。毛羽鱗介の屠《と》を受くること、過現無量。精魂皆他方の界に去れども、朽骨なおこの土の塵となる。鐘声の地を動かす毎に、冤霊《えんれい》をして浄刹に導かしめんことを」とあります。すなわち、戦乱によって失われた敵味方の霊魂を、区別なく供養して、平和の世を実現しようとする切実な気持のあらわれでなくして、何でありましょうか。それこそが、仏国土（浄土）の構築に込めた清衡の本当の願いだったと思います。これからは、そのような平和の願いとの関連にも着目しながら、追加登録の取り組みを続けていかなければなりません。

さいごに、清衡の時代には、「法華経」「多宝寺」「大釈迦堂」のキーワードによっても知られるように、どちらかといえば、天台教学に基づいたコスモロジーが卓越していました。すなわち、平泉の全時代にわたって、阿弥陀仏の極楽浄土のコスモロジーが優位を占めていたというわけではなかったのです。

そのような意味あいにおいても、仏国土（浄土）のタイトルは、含蓄に富むと評価することができるでしょうか。

（追記）

本文中に引用させていただいた世界遺産委員会・イコモスの決議・勧告などは、いずれも、文化庁によって作成された訳文によるものです。それぞれの節目における記者会見にて、その仮の訳文が配布されています。そのうえで、文化庁のホームページに、その正式な訳文が公表されています。ご参照ください。

http://www.bunka.go.jp/bunkazai/shoukai/sekai_isan.html

そして、本中眞「『平泉─仏国土（浄土）を表す建築・庭園及び考古学的遺跡群─』の評価・審査をめぐって」（『月刊文化財』五八〇号、二〇一二年）には、世界遺産登録をめざす取り組みを取りしきった文化庁の担当官による貴重な証言が盛り込まれていました。そこにおいても、イコモスによる柳之御所遺跡の除外が、「非論理的」なることが指摘されています。

評価基準については、日本側の「推薦書」において採用された（ⅳ）「歴史上の重要な段階を物語る建築物、その集合体、科学技術の集合体、あるいは景観を代表する顕著な見本である」が認められることなく、その代わりに、（ⅱ）「価値観の交流」が採用されたことが、批判の対象とされています。けれども、イコモスのいうように、（ⅱ）の方がよかったのではないかと、顧みて思う所なきにしもあらず、です。

それにつけても、評価基準のどれを採用すべきなのか。悩ましい問題です。そのやりとりに接していると、常人の立ち入りがたい「スコラ神学」の論争を耳にしているかのような錯覚に捉えわれそうになります。しかし、推薦国の側にとっても、イコモスの側にとっても、進化のプロセスにおける避けて通ることができない問題である、と痛感しないではいられません。

さらには、「構成資産間の軸線の問題をはじめ、浄土思想に基づく宇宙観（コスモロジー）などが肯定的に評価されたことにかんして、最初に提出の「推薦書」には盛り込まれているが、二度目の「推薦書」にはない。それなのに、そのような宇宙観に関わる情報が採用されているのは、ルール違反である。すなわち、撤回されたはずの最初の「推薦書」に盛りこまれた情報が、二度目の「推薦書」の枠組から逸脱して、採用されているのはルール違反である、という問題点の指摘です。形式的には、本中さんの指摘する通りかもしれません。けれども、そのような仏教的な宇宙観（コスモロジー）によって有機的に結びつけられた資産群の一体性が、すなわちアンサンブルが評価されたということは、日本側の当初からのアピール（がんばり）が、タイムラグを隔てて、ようやくにして、イコモスの認めるところとなったということで、肯定的に受け止めることもできるのではないでしょうか。

いずれにしても、本中論文には、大事な論点がたっぷりと盛り込まれていました。小論にあわせて、参照していただければと存じます。

また『世界遺産年報二〇一二』（日本ユネスコ協会連盟）には、入間田「平泉の世界文化遺産としての評価基準をめぐって」、田中哲雄「浄土思想と平泉の庭園」、田中英俊「再挑戦―平泉の世界文化遺産登録の実現―」、千葉信胤「世界文化遺産平泉―これからの―取り組み」の論考が掲載されていました。これまた、参照していただければと存じます。ただし、入間田のそれは、本稿の内容に比べれば端緒的かつ表面的なものに過ぎません。したがって、入間田のそれについては、お見捨てください。

<コラム　全盛期の都市平泉>

図２「全盛期の都市平泉」　板垣真誠作画　入間田宣夫監修

金鶏山に沈む落日は、西方極楽浄土から迎えに来てくださる阿弥陀さまのお姿、そのものでした。そのお姿を、無量光院のご本尊の阿弥陀仏の頭越しに拝んで、極楽に導いていただくような気分に没入すべく、本堂前面の大池に浮かぶ小島上に、秀衡は、ただ一人、端座しています。

「人びとは往生して、極楽の大池の蓮の花上に生まれ変る」と、お経には記されていました。それに倣って、極楽の大池の蓮の花上に生まれ変った気分に没入するうえでも、本堂前面の大池に浮かぶ小島上に端座することが求められていたのでした。あわせて、無量光院の建築そのものが、宇治平等院の発展形態。元をただせば、あの敦煌莫高窟の壁画に描き出された極楽の建築に倣ったものだったのでした。

そのように、「日想観《にっそうかん》」ともいうべき大事なイベントが催されたのは、春秋の彼岸の辺りだったと推定されています。菅野成寛氏によるものです。さらにいえば、金鶏山上から差し込んでくる落日の光線は、無量光院のご本尊さま、そして大池の中島に端座する秀衡の頭越しに、無量光院東門の一郭に設営された「加羅御所《からのごしょ》」（秀衡の常居所）にまで及んでいました。逆向きにいえば、秀衡は、そのプライベートな居所にても、無量光院の御本尊さま、そして聖なる金鶏山の方向を拝むことができたのでした。

そのうえに、平泉館（柳之御所遺跡）から遥かに西方を望めば、中尊寺金色堂に眠る清衡・基衡の「ご遺体」（ミイラ）を拝むこともできました。逆向きにいえば、偉大なご先祖さまたるべき清衡・基衡の精霊が、その子孫たるべき秀衡を、そして都市平泉の繁栄を見守ってくれてもいました。そうです。平泉は、二つの軸線。すなわち、「金鶏山―無量光院―加羅御所を結ぶ軸線」ならびに「金色堂―平泉館を結ぶ軸線」という二つの東西の軸線によってかたちづくられた、仏教的コスモロジー（宇宙観）によってかたちづくられた、本格的な中世都市だったのでした。これまた、菅野氏の指摘の通りです。

2

石見銀山遺跡とその文化的景観

――普遍と固有の二つの価値から――

仲野義文

はじめに

石見銀山遺跡は二〇〇七年七月二日、ニュージーランド・クライストチャーチで開催された第三一回世界遺産委員会において世界遺産（文化遺産）に登録されました。日本国内では一四番目、鉱山遺跡としてはアジアで最初の登録となりました。イコモス（国際記念物遺跡会議）による事前の評価では「登録延期」の勧告を受けましたが、世界遺産委員会では一転「登録」の決議となりました。

本稿では、石見銀山遺跡の世界遺産登録としての普遍的な価値を調査研究の成果に基づいて具体的に紹介するとともに、あわせて地域遺産という視点を持ちながら話を進めて参りたいと思います。

一．「石見銀山遺跡とその文化的景観」の概要

所在と範囲

石見銀山遺跡の世界遺産一覧の名称は「石見銀山遺跡とその文化的景観」（*Iwami Ginzan silver mine and its cultural landscape*）です。つまり、石見銀山遺跡も「紀伊山地の霊場とその参詣道」や「平泉─仏国土（浄土）を表す建築・庭園及び考古学遺跡群─」と同様に文化的景観としての登録です。鉱山遺跡ということもあって産業遺産としてのイメージが強いのですが、実際には文化的景観とし

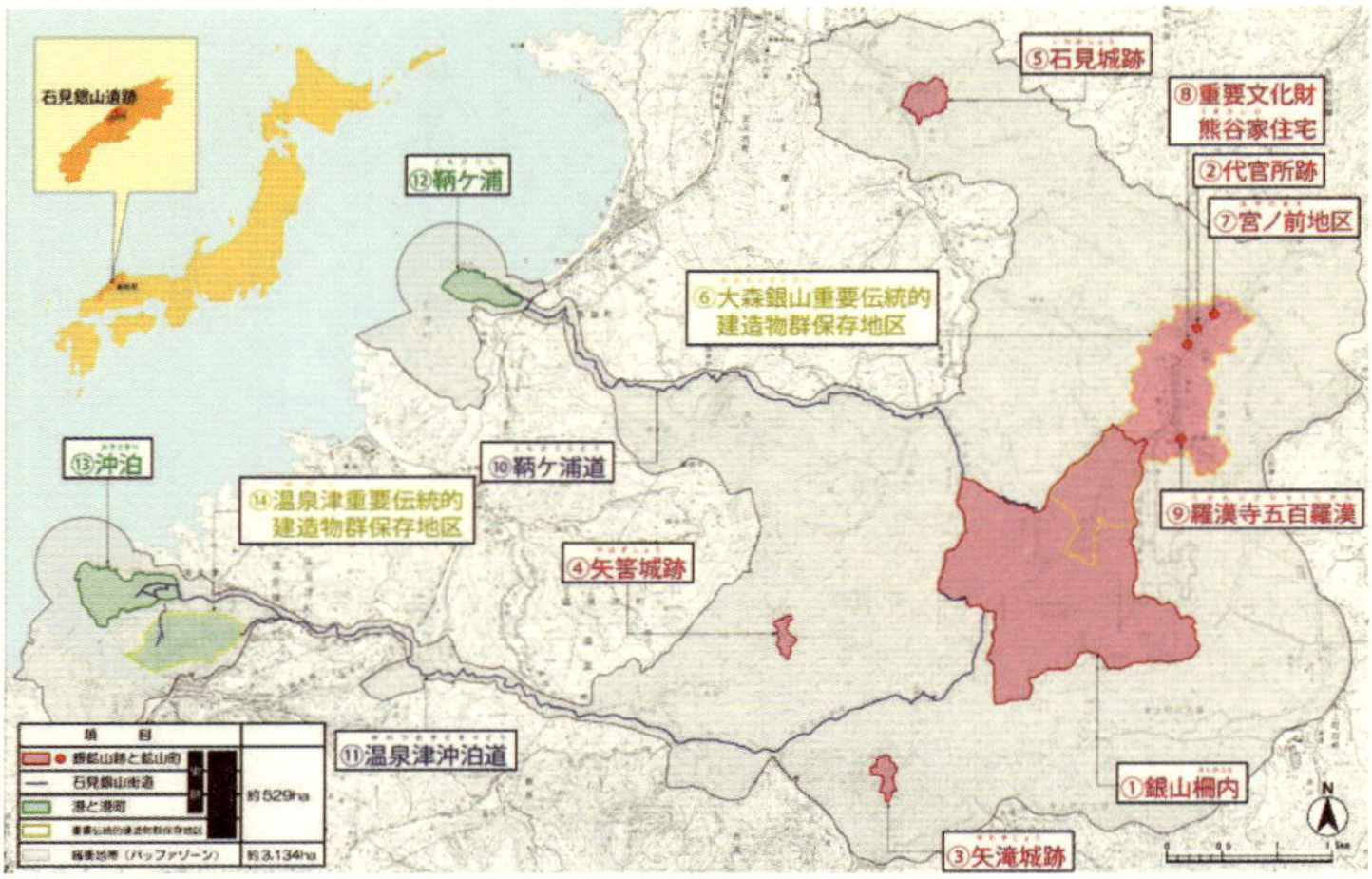

図１　石見銀山遺跡の範囲

島根県教育委員会提供

ての登録です。ではなぜ産業遺産ではなかったのか、この点については後に触れたいと思います。

石見銀山遺跡ですが、島根県中央部に位置する大田市に所在します。かつて石見銀山と呼ばれた大森町を中心に周辺の温泉津町・仁摩町・祖式町など広範囲に分布しており、その面積は当初コアゾーン（構成資産）四四二ヘクタール、バッファーゾーン（遺産保護のための利用制限区域）三六六三ヘクタールでしたが、二〇一〇年、ブラジルで開催の第三四回世界遺産委員会において軽微な変更（範囲拡大）が認められ、現在はコアゾーン五二九ヘクタールに拡大しました。なお、この申請はイコモスからの勧告に基づくものです。

世界遺産の構成資産

世界遺産は図1のように一四の資産から構成され、これらを①一六世紀前半から二〇世紀前半にかけて操業された銀鉱山の開発の諸様相を良好に残す鉱山本体とそれに伴って発達した鉱山町および支配関連の山城跡、②銀山から二つの港湾に向けてつながる銀・銀鉱石と諸物資の輸送路、③石見銀山で産出した銀・銀鉱石の積み出しに利用された二つの港湾とこれに隣接して発達した港町及び港湾集落、の三分野に分けています。すでに世界遺産となった欧米の鉱山遺跡では、鉱山跡のみに限定したもの、あるいは鉱山と鉱山都市を組み合わせながらも建造物・土木構造物・都市計画等芸術上・様式上などに高い価値を有しているものなどがありますが、石見銀山の場合には生産、支配、信仰、輸送など鉱山運営にかかわるシステムの総体を表現している点が特徴といえます。しかも、これらの遺跡が周辺の美しい自然と一体となって優れた文化的景観を形成していることも世界遺産としての顕著な普遍的価値となっています。具体的には次のように明示されています。

選鉱から製錬に至る鉱山の遺跡、街道、港など、石見銀山遺跡において価値を損じることなく遺存してきた銀の鉱山経営に関わる豊富な痕跡は、今やその広い範囲が再び山林の景観に覆われてしまった。その結果、「残存する景観」は銀生産に関わって長く人々が生活してきた集落などの「継続する景観」の地域を含み、顕著な価値を持つ歴史的土地利用の在り方を劇的に証明している。

これは登録基準ｖの「あるひとつの文化（または複合の文化）を特徴付けるような伝統的居住形態もしくは陸上・海上の土地利用形態を代表する顕著な見本である。または、人類と環境とのふれあいを代表する顕著な見本である（特に不可逆的な変化によりその存続が危ぶまれているもの）。」に適応するものです。

資産の概要

次に個別の資産について紹介しましょう。

石見銀山遺跡の中核をなす銀鉱山跡は大森町の銀山地区に所在します。江戸時代銀山の外周には柵列が巡らされ、「正保石見国絵図」（津和野町教育委員会蔵）ではその内側を「銀山柵之内」と表記しています。この柵の内側が山内すなわち銀山町です。

鉱山の開発は標高五三七メートルの仙ノ山を中心に行われました。この山は大江高山火山帯に属し、約一七〇年前の火山活動によって形成され、その内部に福石鉱床と永久鉱床という二つの鉱床が生成されました。福石鉱床は仙ノ山の頂上から五〇〇メートル東の地中に分布する鉱床で岩石はデイサイト質マグマの噴出物が堆積し固まった火山砕屑岩、空隙が多く赤色がかっているのが特徴です。鉱床はその空隙に銀を含む鉱液が滲み込んで生成される鉱染鉱床タイプで、とくに自然銀や輝銀鉱など銀の含有量の高い鉱石鉱物が産出します。

一方、永久鉱床は仙ノ山の頂上から五〇〇メートル西の地中に分布する鉱床で岩石はデイサイイ

写真1　露頭掘跡
島根県教育委員会提供

ト貫入岩、緻密な塊状で変質が少なく緑色がかっているのが特徴です。断層や割れ目に鉱液が侵入してできた鉱脈鉱床タイプで、鉱石鉱物として銀のほか銅、鉛、ビスマスなどを産出します。一六世紀から一七世紀初頭の最盛期には主として福石鉱床が開発され、良質でしかも大量の銀が産出しました。

採鉱活動はこの二つの鉱床を対象とし、山中には鉱石採掘の痕跡が至る所で見られ、分布調査では六〇〇か所以上が確認されています。採掘跡は地表面に露出した鉱脈をそのまま採掘した露頭掘り跡（写真1）、鉱脈に沿って掘り進む鏈《ひ》押し掘り跡、東西の鉱脈に対して南北方向から水平坑道を掘った横相《よこあい》跡などがあり、坑口も竪九〇センチ、横六〇センチと狭小で、近代化以前の日本の伝統的な鉱山の姿をとどめています。また山中には一〇〇〇か所に及ぶ平坦地が存在し、発掘調査により吹屋と呼ばれる製錬施設（吹屋）や住居などに利用された

写真2　石銀藤田地区

大田市教育委員会提供

ことが明らかになっています。

石見銀山遺跡の多くは地中に埋蔵された考古学遺跡です。そのため遺跡の全容を解明するには発掘調査が必要となります。このような発掘調査はすでに昭和五八年（一九八三）から行政発掘として行われていましたが、世界遺産登録の取り組みが始まる平成八年（一九九六）からは学術調査によって実施されています。この年八月、島根県教育委員会と地元大田市教育委員会との共同で石見銀山遺跡発掘調査委員会（田中琢委員長）が組織され、遺跡の全容解明に向けた発掘調査が実施されました。その後は文献史学、自然科学、民俗学等による調査も開始し、学際的な取り組みへと展開していきました。こうした調査研究は石見銀山遺跡が世界遺産に登録された現在でも継続して行われています。

平成八年度から始まる発掘調査は石銀地区で実施されました。石銀は仙ノ山々頂の北東に位置し、銀山の開発初期に集落が形成された場所と考えられています。最盛期には「石銀千軒」と呼ばれるほど繁栄したようで、慶長五年（一六〇〇）一一月「石見銀山諸役銀請納書」（吉岡家文書）には「石銀酒役」と見え、酒場があったことが知られます。この調査では谷の中央部に側溝を伴う道路、またその両側には整然と区画された建物遺構が検出しました。（写真2）出土遺物では国産陶器のほかに景徳鎮などの中国製陶磁器などが見つかり、山頂付近でありながら都市的な消費生活が営まれていたことがわかりました。このほか「柵之内」には、高橋家住宅のような山師の遺宅、鉱山神である金山彦命《かなやまひこのみこと》を祭神とした山神社（佐毘売山《さひめやま》神社）や銀山の発見譚に登場する清水寺《せいすいじ》など、銀山町の人々の暮らしや信仰にかかわる歴史的な建造物も残っています。

次に銀鉱石や銀を運んだ街道とその積出港です。街道は鞆ケ浦道と温泉津《ゆのつ》沖泊道の二つの街道があります。このうち鞆ケ浦道は銀山と北西約六キロにある日本海沿岸の鞆ケ浦を結ぶルートです。鞆ケ浦については『石見銀山旧記』によると「舟往来の津ハ枯柳・鞆ケ岩へ舟を着け、ここより鏈はかたゑ積取り、その頃鞆ヶ岩に寿貞より弁財天をいわふ、枯柳・鞆ケ岩大福ニて民家数千軒なり」とあり、大永六年（一五二六）、銀山を発見した博多商人神屋寿禎《かみやじゅてい》が銀鉱石を博多に輸送するために利用した港で、現地には銀鉱石を保管した岩屋や、寿禎縁の弁財天を祀る厳島神社があります。

温泉津沖泊道は、銀山とその西方の温泉津港とを繋ぐルートで全長約一二キロです。この街道

写真３　大森の町並み

島根県教育委員会提供

は永禄五年（一五六二）、戦国大名毛利元就が銀山とその外港である温泉津を直轄地として以降とくに重要となった港です。明の鄭若曽『籌海図編』にも「有仮子」（温泉津）としてその名が見えており、銀山開発に伴い同所が西日本海水運の拠点として発展したことが窺えます。沖泊は「温泉津四ケ浦」として温泉津港を構成する浦です。現在でも近世初頭の地割を継承した集落が残り、近世以前の建築様式をとどめる恵比須神社があります。その西側には出雲の戦国大名尼子氏との戦いに備えて毛利氏が築城した鵜ノ丸城跡があり、毛利氏にとっての戦略的な要衝地であったことが指摘されています。

リビングヘリテージとしての町並み

石見銀山遺跡は熊野古道や平泉と同様文化的景観として世界遺産に登録されましたが、これには銀鉱山跡や山城跡のようにすでに機能を停止した遺産を含む「残存する景観」と、「継続する景観」としての大森町（写真３）や温泉津町という二つの国の重要伝統的建造物群保存地区の町並みがあります。このうち大森地区は、銀山町に隣接した町並みで、江戸時代には銀山支配のために幕領陣屋（代官所）が置かれたことにより発展しました。町並みには代官所役人の居宅、熊谷家住宅などの商家や町屋などが残り、陣屋町としての景観を色濃くとどめています。

一方、温泉津町は温泉津港を中心に発達した港町で、町並みのなかにある寺院の墓所にはかつての廻船問屋の墓石がみられます。また温泉津にはその名が示すように町内に温泉があり、中世末から今日まで湯治場として繁栄しました。これら二つの町並みは何れも銀山の開発や支配と深く関係して成立あるいは発展し、鉱山活動が停止した後でもその機能や役割を変えながらも人々の暮らしが維持されているというところが文化的景観としての普遍性を有しています。まさに生きている遺跡リビングヘリテージです。

このほか石見銀山遺跡の構成資産には戦国大名による銀山争奪の舞台となった矢滝・矢筈・石見等の山城跡もあります。

二、石見銀山の開発と歴史的意義

世界的な銀ブームの到来

石見銀山遺跡の普遍的価値の一つに「十六～十七世紀初頭の『大航海時代』には、石見銀山の銀生産は東アジア及び欧州の貿易国と日本との間における重要な商業的・文化的交流を生み出した」という点があり、これは基準ⅱの「建築、科学技術、記念碑、都市計画、景観設計の発展に重要な影響を与えた、ある期間にわたる価値観の交流または文化圏内での価値観の交流を表すものである」に該当します。

周知のとおりヨーロッパでは一五世紀末以降、イベリア半島のスペイン、ポルトガルの大洋進出によって大航海時代を迎えます。これを契機に地球規模での世界の一体化が進み、かつてない規模で人やモノが移動し、世界市場の形成とともに銀が国際通貨としての地位を獲得していきます。こうした銀需要を背景に銀山開発の機運が高まり、メキシコのサカテカスやグアナフアト、ボリビアのポトシなどが開発され、大量の銀が世界市場へと供給されていきました。石見銀山の開発もまたこうした世界的な銀ブームの延長線上にあったといえるのです。

もっとも、日本での銀山開発への直接の動機づけとなったのは中国の明王朝です。明では一五世紀以降「銀の時代」を迎え、銀に対する社会的な需要が高まっていました。銀は宋王朝以降に貨幣として使用されてきましたが、とくに一五世紀になると急激な銀の需要が発生しました。こうした明における銀需要増大の理由として、一つには貨幣政策の失敗、いまひとつには北方の遊牧民対策などの問題が指摘されています。

朱元璋によって建国された明王朝は、元朝末の紙幣によるインフレーションの影響に加え、銅銭鋳造に必要な銅資源の不足などから、財政においては穀物などの現物納を基本とした租税体系を採りました。その一方で、貨幣については当初から銅銭を本位とする通貨制度を採用し、至正二一年（一三六一）には首都南京に宝源局、翌年には各行省に宝泉局を設置し、洪武通宝という銅銭を鋳造しました。洪武元年（一三六八）の鋳造高は八九〇〇万文、その後二億文程度が鋳造されましたが、これは北宋時代の年間鋳造高のわずか五分の一程度に過ぎず、この結果、市中への十分な貨幣供給ができませんでした。その後、原料である銅原料の不足や私鋳銭の横行などによって洪武八年（一三七三）には「大明通行宝鈔《だいみんつうこうほうしょう》」という紙幣が発行されるようになります。ただ、前王朝である元朝の中鈔が銀や銅銭を兌換準備としたのに対し、この紙幣は銅銭の不足などから実質不換紙幣となり、そのため発行直後から通貨価値は下落し、永楽五年（一四〇七）には政府による公定相場で銀は八〇分の一まで暴落してしまったといいます。その上、大規模な軍事遠征や南京から北京への遷都、鄭和の南海遠征などを理由に財政支出は増大し、それを賄うため大量の鈔が発行されることとなったのです。

このような鈔の濫発はもとより貨幣に対する信認を失墜させ、その結果人々はより価値の高い銀を求めるようになっていきました。とくに経済的に豊かな江南地方ではこの傾向は強く、他地域に先行して早くも正統元年（一四三六）以降田賦の一部が銀納化（金花銀）されることとなり、正統七年（一四四二）には北京に太倉庫が設置され、これにより国家による銀の収取・管理体制が強化されることとなります。

もう一つは「北虜」の問題です。漢民族の王朝として成立した明王朝は、その建国以来タタール（韃靼）やオイラート（瓦剌）などのモンゴル民族、東北部の女真族といった北方の遊牧民族による侵攻に苦慮していました。彼らは経済発展を背景に明王朝との交易を求めて中原地域まで侵入し、正統一四年（一四四九）には皇帝英宗の親征軍がエセン率いるオイラート軍によって河南省の土木堡において大敗を喫し、英宗自らが捕虜となる事件（土木の変）まで起こりました。北方民族の侵入に対しては万里の長城を整備したことはよく知られていますが、遼東・薊州・宣府・大同・偏頭・楡林・固原・寧夏・甘粛に九辺鎮なる軍隊を配置し、その侵攻に備えました。

こうした軍隊の維持に必要な運糧は、華北諸省の農民が生産した米穀を充て、それを直接北辺に運輸させるシステムでした。しかし広大な領土をもつ中国にあってはその輸送負担は相当なものでした。たとえば、山西平陽府から大同鎮への輸送距離は「道路一千里」と表現されるように実に長距離で、輸送コストも山西から大同・宣府の両鎮間で穀物一石あたりに六、七倍も経費がかかったといい、軍糧輸送にかかる人々の負担は相当過酷なものでした。そのため正統年間（一四三六〜四九）に至って輸送負担の軽減策として従来の穀物の直納から銀による代納へと変わりました。

また、運糧の一つである塩法[(1)]も弘治五年（一四九二）から銀による代納になりました。塩の販売収益に賦課された塩課銀を各地の塩運司に納入する制度（運司納銀制）が実施され、塩運司を通じて北京の太倉庫へと納入され、その後京運年例銀として北辺地域の軍糧に充てられることとなったのです。

このように一五世紀の明王朝では、鈔の信用失墜を背景とした租税の銀納化、あるいは辺餉政策における民運糧および塩法での銀納化など、これまでにない銀に対する需要が急激に高まっていたのであり、このことが日本における銀山開発の動機づけとなったと考えられるのです。

石見銀山発見の歴史的経緯

石見銀山の歴史をひもとく基本的な文献資料が『石見銀山旧記』です。それによると「大永中に大内之介義興、当国を領有する時、筑前博多に神谷寿亭と云うものあり。雲州へ行かんとて、一つの船に乗り石見国の海を渡る。はるか南山を望むに嚇然たる光有り。寿亭船子に南山のあかるくあきらかなる光あるは何故やと、問いければ、船郎答えて申すけるは、是は石見の銀峰山なりと語り伝う」と、記されています。ときに大永六年（一五二六）のことです。「山が光る」とはいささか疑わしい感じもしますが、ただ物語としてはよくできています。なぜなら大内義興による領有を前置きし、次いで神屋寿禎の発見に続くなど、この二人の関係を示唆する内容となっているからです。この関係から想起されるキーワードとは「日明貿易」です。

大内義興は、周防国山口に本拠を置く西国一の守護大名で、同時に対外貿易への志向性が高かったことでも知られています。出自を百済国王の王子琳聖太子に求め、朝鮮との積極的な貿易を進めたほか、宝徳三年（一四五一）からは日明貿易にも参画するようになっていきます。

ご承知のように日明貿易は室町幕府の将軍足利義満の時代に始まり、応永八年（一四〇一）を第一次とし、天文二〇年（一五五一）までの間に合計一九度の遣明船が派遣されています。初期には幕府や有力寺社が主体でしたが、第一一次以降には大内氏や細川氏などの有力大名が参画するようになり、両者は勘合を巡って激しく争いました。大内氏の場合永正一三年（一五一六）、足利義稙の将軍職復帰の功績によって遣明船の派遣にかかわる永久的な管掌権が認められ、さらに大永三年（一五二三）に起こった寧波の乱で宿敵細川氏を打ち破り、これ以降の日明貿易は完全に大内氏による独占状態で行われることとなります。

ただし、実際の遣明船にかかわる船の艤装や貿易品の調達などは商人が担い、彼らは貿易利益の一〇分の一を抽分銭として渡航前、または帰国後に支払うことでこの貿易に参画できました。細川氏の場合は堺の商人を重用したのに対し、大内氏にあっては赤間関、門司、博多などの商人がそれにあたりましたが、こうした商人の中に神屋家があったのです。

石見銀山の発見者神屋寿禎は、先に述べたように博多の商人神屋家の一族で実在の人物です。しかし残念ながら寿禎に関する一次史料は少なく、わずかに天竜寺妙智院の策彦周良が著した入明記「初渡集」のなかに若干の記事を見ることができます。それによると、寿禎は天文七年（一五三八）から同一〇年（一五四一）までの記録に合わせて六回にわたり名前が登場します。このうち天文七年一二月二八日条には「統上司公老親寿禎、山芋・午房並びに酒両瓶を以て恵す」とあり、このことから寿禎が統上司公の「老親」であることがわかります。この統上司公は博多聖福寺龍華庵主三正統上司のことで、彼は第一八次と第一九次の両度、遣明使節として策彦とともに従僧として入明しています。なお、聖福寺は臨済宗開祖栄西が創建した最古の禅宗寺院で、また九州における外交上の拠点でもありました。事実、第一八次遣明船の正使は同寺新篁庵主湖心碩鼎が務めており、日明貿易において重要な役割を担っていた寺院でした。伊藤幸司氏の研究によれば、大内氏についても文明期より長門国東隆寺を通じて聖福寺に接近し、その人的基盤を利用して日明貿易を有利に進めようとしていたといわれています。つまり、銀山の発見者の神屋寿禎の周辺には、大内氏や聖福寺など日明貿易にかかわる様々な人々の存在を確認することができるのです。

銀生産の本格化と銀の流出

さて、神屋寿禎が銀山を開発した当初は山元での銀製錬は行われておらず、銀鉱石のまま博多へと移送されていたといいます。そこで天文二年（一五三三）、寿禎は博多より宗丹と慶寿という技術者を招聘し、灰吹法という銀の製錬法を導入します。『石見銀山旧記』には「此年寿亭博多より宗丹・桂寿と云うものを伴ひ来り、八月五日相談し、鏈（銀と石と相雑ものを鏈と云）を吹熔し、銀を成す事を仕出せり、是銀山銀吹の始り也」と、このことを伝えています。

灰吹法の導入以後、石見銀山での生産が本格化すると、産出した銀は国内に先行して海外へと輸出されています。たとえば『朝鮮王朝実録』では、灰吹法が伝わった五年後には日本商人が銀を扱う記述が見られるようになります。その二年後の一五四〇年には「倭銀流布し、市廛に充牣し、赴京の人公然と駄載し、一人の賫せる所、三千両を下らず」(中宗三五年七月)と見え、また一五四二年には「倭国の銀を造ること、未だ十年に及ばざるに、我国に流布し、已に賤物となれり」(中宗三七年閏五月)とあり、この頃にはすでに朝鮮国内では倭銀は珍しいものではなくなっていたようです。さらに、この年日本国王の使僧と称する安心東堂が銀八万両(三・二トン)という大量の銀を朝鮮に持ち込んで貿易を要求する事態も起こるなど、この時期に朝鮮国内への急激な銀流入が見られるようになります。

ところで、この日本国王使と名乗る安心東堂は実際には対馬の宗氏が仕立てた「偽日本国王使」です。彼は対馬西山寺の僧侶で臨済宗「幻住派」に属すと考えられており、このネットワークの中に博多聖福寺があります。先ほど述べたように、聖福寺には石見銀山を発見した神屋寿禎の子三正統公上司がいます。このような関係を考えるならば、安心が持ち込んだ銀が石見銀であった可能性が十分に考えられるのです。

朝鮮への倭人の銀輸出が行われる一方で、銀を求めて日本へと向かう中国人海商も出現するようになりました。『朝鮮王朝実録』では一五四四年に朝鮮の沿岸に中国人が漂着し、その理由を尋ねたところ「貿銀の事を以て日本へ行くに、風が漂わせる所となりてここに致る」(中宗三九年六月)と、銀を求めて日本に向かったことが述べられています。また一五五五年にも「日本国の銀子多く産する故に、上国の人交通往来販貿して、或いは漂流に因りて来泊し、我国海辺に於て賊をなす」（明宗一〇年）とあり、同様のことが書かれています。田中健夫氏によれば、このような中国船の日本への来航は、天文八年（一五三九）から同二〇年（一五五一）までの間に一八件あり、概ね天文年間にはほとんど毎年外国船が来航したと指摘されています。

銀を求めて日本に来た中国人は、海禁政策をとる明王朝ではすべて密貿易者でした。海禁は、海上交通、海上貿易、漁業などへの規制ないし禁止措置からなる海洋統制策であり、明王朝成立後には採られた政策です。海禁の目的は一つには中国海域で海賊行為を働く倭寇と中国人との関係を断絶することでしたが、いまひとつには水上生活者である海民のような戸籍を持たない人々を、国家の下に再編するねらいもあったと、村井章介氏は指摘しています。しかし、国家の締め付けは結果的に沿岸海民の海洋進出への欲求を煽るところとなり、とくに福建や広東の人々のなかには海禁令を犯し、中国近海の島嶼や東南アジアなどで、ある種公然と外国人との間で密貿易を行う者も現れるようになっていきました。

このような中国人による海外交易の展開は同時に環シナ海域において多様な人々の交流をもたらしました。トメピレス『東方諸国記』によると、東南アジアの港市マラッカにはカイロ、メッカ、ペルシア、ゴア、レケオなど、西アジアから東アジアに至る多様な国家や地域、民族の交流が行われていたことが知られます。そこに一六世紀半ば、日本から怒涛の如く銀が流入したことで、環シナ海域における人とモノとの交流を活発化させ、地域全体が未曾有の規模の社会的な大変動が起こりました。こうした当該期における時代状況を、荒野泰典氏は「倭寇的状況」と呼んでいます。さらに、このような状況のもと、ヨーロッパから新たな参入者としてポルトガル人が登場し、天文一二年（一五四三）には種子島への到来に繋がっていきます。

ポルトガル人来航を伝える『鉄炮記』によると、種子島に漂着した船には牟良叔舎（フランシスコ＝ゼイモト）と喜利志多侘孟子（アントニオ＝ダ＝モッタ）の二人の南蛮人のほか「五峯」なる明人が乗っていることが記述され、この人物は後に倭寇の頭目となる王直と考えられています。倭寇は一六世紀の環東シナ海を中心に活発な密貿易を展開し、なかでも雙嶼島はその拠点でした。ここにはポルトガル人をはじめ、朝鮮や東南アジアの商人などが集まり、交易とともに様々な情報が交換され、その中には石見銀などの日本銀の情報もあったものと推察されます。そのような国家や民族を越えた倭寇のネットワークによって、ポルトガル人の日本への来航が実現したのであり、これは日本銀が誘発した歴史的事件だったといえるのです。

「黄金の国」から「銀の島」日本

『東方見聞録』のなかでマルコポーロが日本を「黄金の国」ジパングと記したことはあまりにも有名ですが、一六世紀以降にあってはこれが「銀の島」となります。キリスト教を伝えたフランシスコ・ザビエルも一五五二年にインド・ゴアのロドリゲス神父に宛てた書簡の中で「カスチリア人は、この島々をプラタレアス群島（銀の島）と呼んでいる」と述べ、スペイン人の商人アビラ・ヒロン

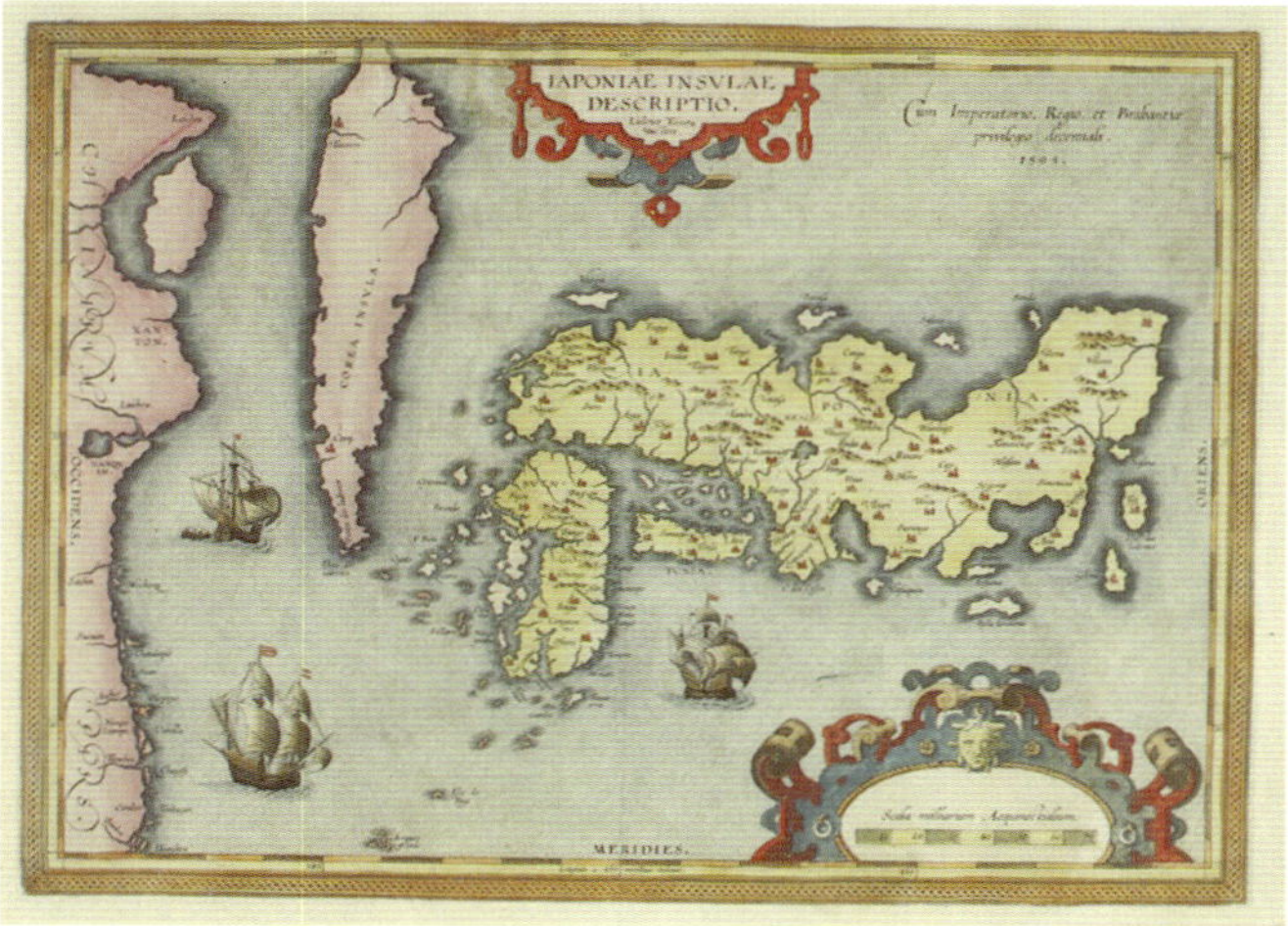

写真４　ティセラ『日本図』

中村俊郎氏提供

も『日本王国記』のなかで「この土地が金や銀の塊であると言っただけで理解できる。なぜならこれがセバスチィアン・ビスカイノの探し求めている金と銀の島々だからである。そして他の島々があるというのは馬鹿な話で。そんなことを考える理由もない。この日本の島々がそれであって、他にはない。遠い昔すでに日本を銀の島と呼んだ人があったが、富める島々云々といったのはこの島を指しているのである」と記しています。また、この時期ヨーロッパで作製された「日本図」では「MINAS DE PRATA」（銀鉱山）と記すなど、ヨーロッパ人の日本認識に「銀の島」のイメージが定着していたものといえます。とりわけ一五九五年製のテイセラ『日本図』（写真４）では石見銀山の位置にラテン語で「Argenti fodine」と記しており、こうした記載が石見のみに限定されることから「銀の島」日本の中心的な存在として認識されていたことが想像されます。

三．伝統的な銀生産の原風景

鉄鍋の発見

石見銀山遺跡の顕著な普遍的価値として先に述べたアジア海域世界の政治や経済に大きな影響を与えた、という点がありますが、加えてその当時の銀生産の原風景がそのまま考古学的な遺跡として地中に残存していることも重要な価値要素となっています。とくに石見銀山遺跡の場合、時代ごとに開発の拠点が移動したため後世の開発による破壊を受けることなく、約四〇〇年にわたるそれぞれの遺構が良好に残ったのです。実際、平成一〇年度（一九九八）に実施された石銀藤田地区の調査において、このことを証明する重要な発見がありました。それは灰吹の実施にかかわる遺物の出土です。

灰吹法は金銀の製錬法であり、金銀と鉛の親和性を利用したものです。とくに銀は自然銀の状態で存在するのは稀であり、たいていは銀の硫化物や銅・鉛などの鉱物と共伴するため、それらの不純物を取り除いて銀のみを製錬によって抽出する必要があります。そこで用いられるのが鉛です。鉛は金銀と合金に成り易いという性質（親和性）があり、この鉛を触媒として銀を取り出すのです。

まず銀鉱石と鉛を炉内で溶錬して、銀鉱石中の銀を鉛に移して合金とし、不純物はスラグとして排出する。こうしてできた合金を貴鉛といい、次にこの貴鉛を灰吹法によって銀と鉛に分離します。炉は鉄鍋や地床に骨灰や樹木灰などの灰を詰め、表面をならして中央部に窪みをつけ、そこに貴鉛を置いて木炭にて加熱して熔解します。灰吹の温度は、銀の融点が九六二度、酸化鉛八八八度、鉛三二八度であるため一〇〇〇度前後で行われます。やがて温度の上昇にしたがって融点の低い鉛が熔け、このとき鞴《ふいご》から送られる酸素と化合して酸化鉛となります。酸化鉛は金属鉛と比べて比重が小さくなるため、熔けた酸化鉛は銀の上層へと浮かび、その上表面張力も小さく濡れ性が高いため、炉の灰に次々と滲み込んでいきます。一方、銀は表面張力が大きいため灰に滲み込むことなく、炉の中央部にボタン状に留まる、というものです。

『石見銀山旧記』によると、神屋寿禎はこの灰吹法を天文二年（一五三三）に石見銀山に導入したことになっていますが、ただ残念ながらこの事実を証明する一次史料は現在のところ見つかってはいません。しかし、『朝鮮王朝実録』にはこの点に関して注目すべき記述が見られます。たとえば中宗三四年（一五三九）八月一九日の条には「柳緒宗多く失する所あり。故に殞命を計らず、得情を期して刑訊するが可なり。但倭人と交通して、多く鉛鉄を貿い、吹錬して銀を作り、倭人をしてその術を伝習せしむる事」とあり、地方役人柳緒宗が倭人から鉛鉱石を買って銀を製錬し、さらにその技術を倭人に伝習せしめた罪で処罰されたことが見えます。また中宗三七年（一五四二）四月には「憲府啓して曰く、倭奴の銀を売り貨を貿うこと近年に始まる。我国奸細の徒より潜に造銀の法を教わる」とあり、朝鮮人から倭人に「造銀の法」を教えたとあります。この記述が石見銀山への灰吹法の導入時期と近いことから、朝鮮半島の技術が石見に伝えられたものと考えられています。

実は先に触れたように平成一〇年度の調査においてこれに関する遺物の出土がありました。石銀藤田地区の調査で吹屋の建物遺構から鉄鍋（写真５）が出土したのです。鉄鍋の内部に詰まった土壌を分析したところ骨の成分である水酸化アパタイトのほか鉛や銀などの成分も検出され、灰吹法で使用されたものであることが判明しました。この鉄鍋を用いた灰吹法については『燕山君日記』に端川銀山の技術が記されていますが、それによると「その錬造の法、水鉄鑪鍋の内において、猛灰を用いて囲を作り、片截鉛鉄をその中に填し、因よりて破陶器を以て四囲これを覆い」（燕山君九年五月）とあり、当時の端川銀山では鉄鍋に灰を詰めて製錬が行われたことが述べられています。この方法と石銀藤田地区から出土した鉄鍋が類似していることから、朝鮮半島伝来の技術とはこのような鉄鍋に灰を詰める方法であったことが指摘されます。この発見は灰吹の実施を国内ではじめて遺構・遺物として確認するものでしたが、それ以上に灰吹法が朝鮮半島より日本に伝播した初期的な形態が明らかとなった点で世界遺産登録に向けた大きな成果

写真５　鉄鍋

大田市教育委員会提供

となりました。

鉱山遺跡としての普遍的価値

鉄鍋の出土が示すように、石見銀山遺跡は銀生産にかかわる古い時代の遺構が良好に残存する国内では稀な鉱山遺跡であり、こうした遺構の残存状態もこの遺跡が有する顕著な普遍的価値として次のように明記されています。

日本の金属採掘と生産における技術的発展は、小規模な労働集約型経営に基づく優れた運営形態の進化をもたらし、それが採掘から製錬に至る技術の全体を包括するまでに至った。また、日本の江戸時代における政治・経済活動の鎖国状態は、欧州の産業革命において発展を遂げた技術の導入を遅らせることとなった。このことは、商業的に価値を持つ銀鉱石の枯渇と連動して、十九世紀後半には伝統的技術に基づくこの地域の鉱山活動を停止させ、結果的に豊富で良好な状態の下に考古学的遺跡を遺存させた。

これは基準iiiの「現存するか消滅しているかに関わらず、ある文化的伝統又は文明の存在を伝承する物証として無二の存在（少なくとも希有な存在）である」に該当するものです。小規模な労働集約という日本型の経営によって大量の銀を生産したこと、またそうした銀生産の痕跡が考古学的遺構として良好に遺存していることなどが、その普遍性として挙げられています。

ただ、日本史あるいは鉱山史を研究する者としていささか納得できない部分もあります。それは「鎖国」によって産業革命後に発展したヨーロッパの近代的技術の導入が遅れた、という点です。「鎖国」について歴史研究の成果がまったく反映されていませんし、前近代の鉱山技術についても正当に評価していないからです。

言うまでもなく江戸幕府による貿易の管理は実施されたものの、オランダ貿易を通じて西洋の科学技術の受容は行われましたし、伊予国別子銅山では安政三年（一八五七）、長崎奉行の要請でオランダ製の大型ポンプの導入が企画されています。別子銅山では当初オランダ製ポンプの坑内使用にあたっては火薬を使用しての坑道拡幅をしなければならないこと、また稼動には動力として馬力や蒸気機関が必要であり、それには多額の設備投資がかかることなどを理由に拒否していましたが、翌年には現地での実験が行われることとなりました。実験は「箱樋」と呼ばれる従来の木製ポンプと、最新式のオランダ製ポンプとの排水能力を比較するものでしたが、オランダ製ポンプは木製ポンプの五分の一しか排水できず、しかも銅水の影響でネジが腐食するなど惨憺たるもので、結果的にはその導入は見送られることとなりました。この事例が示すように技術の導入や移転に際しては、設備投資や労働者の賃金などの生産コスト、火薬を用いた採鉱法や機械整備などの周辺技術の存在、そして最終的には採算性の問題などを考慮して決定されるものであって、「鎖国」という政治・外交上の問題だけで近代技術の導入が遅れたのではありません。むしろ彼らは技術の優位性だけではなく、生産性や経営の合理性などを総合的に考えて、あえて在来技術を選択したのです。

ではなぜこうした内容になったのでしょうか。それは平成一七年（二〇〇五）六月に開催された「鉱山遺跡の顕著な普遍的価値と保存管理に関する専門家国際会議」[(2)]が影響しているのです。この会議は世界遺産登録にあたって当該分野の専門家を招いて意見を聞き、その議論を踏まえて石見銀山遺跡の普遍的価値を明確にしようと開かれたものです。この会議では、石見銀山遺跡のようなヨーロッパの産業革命以前の遺産を産業遺産としてどのように評価するかに議論が集中し、その意見も分かれましたが、とりわけ産業遺産の専門家の評価は低いものでした。なぜなら産業遺産の定義を規定したニジニータギル憲章[(3)]では、産業遺産の定義として「産業考古学が主に関心を寄せる歴史的時代は、一八世紀後半の産業革命の発祥時期から現在にまで及び、又産業化以前及び産業化初期の起源も研究する。さらに、技術史に含まれる作業及び作業技術の研究にも及ぶ。」としており、近代化以前の遺産については積極的な評価をしていないのです。会議では一応石見銀山遺跡の普遍的価値は確認されましたが、先に見た「欧州の産業革命」の文言が加えられた背景には欧米の産業遺産の専門家の意見が反映したものといえます。そのことは同時にイコモスの登録延期勧告にも少なからず影響を与えたものと考えられます。なお余談ですが、この議論の末、石見銀山遺跡のコンセプトが産業遺産から文化的景観に大きく方向転換することになったのです。

もっとも、この点は欧米の専門家の価値観のみを問題とすることは適当ではありません。むしろこうした議論に至った背景には、日本を含むアジアにおける鉱山遺跡研究の遅れがあることは否めません。事実、世界遺産登録時にユネスコは、同一圏域内の鉱山遺跡との比較研究を要請しており、これらの研究を通じて今後この問題は解決されるものと思います。

近代化以前の鉱山開発

確かに産業遺産の専門家にとってみれば、石見銀山遺跡のような近代化以前の鉱山は原始的に見えるかもしれません。しかし、それにも拘わらず大量でしかも良質の銀を生産したことも事実です。ではそれを可能としたシステムや技術とはどのようなものだったのでしょうか。この点を少し紹介しましょう。

日本の鉱山は概して鉱床規模が小さく短期間で開発が終わることが多いため、鉱山技術のなかでも探鉱法が重要視されたといわれています。探鉱法は見立てといい、そのようなスキルをもった人をとくに「山先」などと称して苗字帯刀などの身分的な特権を付与した鉱山もあります。

見立ては江戸時代には「山相学」と称してこれを理論化する試みも見られ、「金銀銅鉛山秘伝書」や「山相秘録」など多くの「見立書」が作成されました。ただ、こうした見立ては今日の地質学や鉱床学のような科学的なものではなく、たいていは陰陽五行論を援用したものでした。たとえば元禄四年（一六九一）の黒沢元重著『鉱山至宝要録』には「土生金にて土より金生る物なれば、土有れば金有」とあり、五行論で解く「相生」の関係で金の生成について説明されています。はたして このことがどれたけ役に立ったかは疑問ですが、このような理論化への試みについては評価に値するのではないでしょうか。

実際の見立てでは、基本的には地形や地質などの情報がもとになりましたが、これに加えて山中では露頭やヤケが重要な指標となりました。露頭は鉱床の一部が地表に露出したもので、ヤケはその露頭が長期間の風雨によって表面が酸化し黒色や褐色に変色した状態をいいます。山中においてこのような露頭やヤケを見つけて鉱石の採掘に着手しました。また植物の植生も見立てでは重要な指標となりました。ヘビノネゴザ（シダ植物）は「金山草」などと呼ばれ、その代表的なものでしたが、指標植物としてはこのほかにリュウノヒゲ、アサツキやノビルなどの葱類がありました。

探鉱によって鉱床や鉱脈が見つかると、直ちに鉱石の採掘が行われます。とくに開発の初期段階では地表に露出する露頭部の開発に重点が置かれ、その後鉱脈に追随して地中へと坑道を掘り進んでいきます。このような採掘法を鏈《ひ》押し掘りといいます。ただし、鏈押し掘りは鉱脈に随って地上から地下へと掘り下っていく方法で、地下水が湧き出すとその下部に良鉱があってもやむなく放棄せざるを得なくなります。そこで一六世紀末になると、坑道掘りという新たな採掘法が登場してきます。坑道掘りは横相とも呼び、露頭や鉱脈を追随するこれまでの採掘法とは異なり、地中にある鉱脈の走向を事前に調査し、鉱脈に直交するように山麓より水平の坑道を掘削するというものです。水平坑道であるため、鏈押し掘りなどと比べて鉱石の運搬や排水などに優れています。

近世初期に繁栄した鉱山では、次第に坑道の深長化に伴い地下水の湧き出しが深刻化しました。そのため各鉱山では坑内の排水を目的とした疎水坑道の開発に力が注がれ、一七世紀末には測量技術の発展と相まって高度な掘削法による疎水坑道が開発されていきます。石見銀山では元禄六年（一六九三）に泉山の開発がされますが、それにあたっては「二重穴」という高度な技術を伴う疎水坑道が掘削されています。これは大切と水道という二つの坑道を上下平行に掘りながら、約一五メートル間隔に尺八という竪坑を掘って上下坑道を連結させるというもので、七か年で約六七〇メートルの疎水坑道が掘削されました。同じ頃、佐渡相川金銀山では南沢疎水坑が開発されていますが、この開発にあたっては「迎間切」という高度な多面掘進法が採用されています。これは約九〇〇メートルの区間を三分割し、六つの地点から双方向に掘進して坑道を貫通させるというもので、その誤差はわずかに三〇センチという正確さであったといわれています。石見の泉山、佐渡の南沢疎水坑はいずれも江戸時代の採鉱技術の到達点といえるものです。

もっとも近代以前の鉱石採掘は「抜き掘り」という富鉱のみを採掘する方法であるため、自然坑道は狭小となり、また内部では迂曲して複雑なものでした。その他生産組織は小規模で、鉱石の採掘から運搬、排水などすべての作業が人力によって集約的に行われており、石見銀山にあってはこうした小規模な経営体が集合して大量の銀を生産したのです。一方、欧米の鉱山では鉱床規模が大きく、長期間にわたって採掘がなされることから坑道も大規模で、また鉱石の運搬や坑内水の排水にあたっては機械を利用し、またその動力には一部家畜を使用するといった資本投資型の開発が行われました。こうした労働集約による日本の鉱山開発は、しばしば機械化された欧米のそれと比べて後進的として捉えられる向きもありますが、先ほどの別子銅山の事例のようにこうした生産方式こそが日本という社会に適合したやり方だったのです。このように捉えると石見銀山遺跡は日本の「モノ作り」のあり方を考える上でも重要な遺跡だといえるのではないでしょうか。

四．地域遺産としての石見銀山遺跡

価値の重層性

石見銀山遺跡が登録された最大の要因は一〇年にも及ぶ地道な学術調査にあったと考えています。イコモスによる「登録延期」勧告を覆して登録となった背景にもこのような調査研究の蓄積に基づく「補足情報」の提出が大きなカギとなりました。これはイコモスの指摘事項に対する学術的な論拠に基づく補足情報であり、英文一一〇ページにも及ぶ内容のもので、わずか一か月間で作成されました。私が参加した文献調査では日本国内はもとより中国、韓国、スペイン、ポルトガル、イタリアなどの海外調査も実施しており、島根県という一自治体としてはおそらく例にない規模の調査であり、こうした学術研究に対する真摯な姿勢が世界遺産登録を実現させたのだと思っています。

石見銀山遺跡の世界遺産としての普遍的価値はこのような学術調査によって証明されたわけですが、ただ近年その普遍性だけが強調されるきらいがあり、地域遺産としての存在が見えなくなるという危惧を感じています。本来遺跡が有する価値とは多様であり、かつ重層的であるためモノラルな価値観だけで遺跡やその歴史的な意義を考えることはかえって危ういことだと思います。あえてその価値を相対化することも世界遺産登録後の研究のあり方として必要ではないでしょうか。そのような観点から私自身は地域遺産としての視座を持ちながら研究を進めています。普遍性はそれだけでは成り立たず、固有の価値の積み重ねの上に成立していると思うからです。

地域アイデンティティーの芽生え

日本のような鉱床規模の小さな鉱山ではその繁栄は二、三〇年程度であり、以降は資源の枯渇を背景として衰退の一途を辿ります。石見銀山でも一七世紀初頭には年間一万貫の産銀量があったと推察されていますが、一八世紀には一〇〇貫目くらいに減少し、幕末にはわずかに三〇貫目ほどとなってしまいます。鉱山の衰退はそれに依存してきた人々にとって大きな経済的打撃となったことはいうまでもありませんが、このことはまた彼らの存在意義や社会的地位の低下という問題をもたらしました。とくに銀山の存在が自身の身分と結びついている銀山師や銀山附地役人などはそうした事態に直接さらされた人たちでした。

石見銀山では銀山師は単なる鉱山経営者ではなく苗字帯刀を許された身分的特権者です。銀山師の身分は、自らの見立てと資本によって間歩（鉱区）を開発し、一定期間運上を継続的に納めることで苗字帯刀の身分特権が付与されました。しかし、鉱山が衰退する一七世紀半ばになると、銀山師の身分問題が幕府の中で問題となり、文化年間に至って「銀山師苗字旅帯刀一件」が起こるのです。

この一件は、文化五年（一八〇八）七月、銀山町藤七の付添として江戸に出府した町役人水田甚七が、慣例に従って江戸本石町の公事宿山口屋彦兵衛を通じて評定所に到着届を提出しました。ところが、届書への苗字の記載について評定所役人から問い糺しがなされ、以後八か月間にわたり評定所において銀山師の身分に関する訊問が行われたのでした。

この訊問にあたって銀山町側から銀山師の身分に関して上申書が提出されましたが、それによると、銀山師の身分特権は慶長八年（一六〇三）八月、銀山師安原伝兵衛が運上銀三六〇〇貫を公納した功績で伏見城の徳川家康に謁見した際に、伝兵衛は辻ヶ花染丁字紋道服と「備中」の官途名を拝領し、同時に随行の者たちには苗字帯刀を免許されたこと、また大坂の陣では石見の銀掘三〇〇人が参加し、その功績を称えて家康がそれを与えたことなどが述べられているのです。つまり、銀山師の特権を先祖の家康への貢献と結びつけて主張することで、脅かされる身分を死守しようとしたのです。

このことは銀山附地役人も同様です。銀山附地役人は代官所に勤仕する役人ですが、幕臣ではありません。多くは石見銀山が家康の領有となった直後の慶長一〇年（一六〇五）前後に、大久保長安によって抱えられた者たちです。彼らもまた鉱山の衰退に伴ってその存在自体が脅かされることになっていきます。具体的には彼らの不要論であり、実質は人員削減の問題でした。とくに陣屋改革が行われる享保年間（一七一六～三六）以降このことは本格化し、代官天野助次郎の寛延四年（一七五一）に至って大幅な人数削減が断行されました。その後も服装規定の見直し（上下勤から羽織袴）、代官の下僚である手附との席順など、彼らの身分にかかわる改革が次々と行われ、その都度「古格与相違」を主張し「古格の振合」を嘆願しているのです。

こうした銀山附地役人を取り巻く状況のなか、彼らは銀山師の場合と同様、幕初における先祖の貢献を訴え、自らの由緒の正当性を主張しました。その貢献とは、銀山附地役人吉岡隼人や宗岡弥右衛門等の佐渡や伊豆の金山への派遣とその活躍による家康への謁見、さらには大坂の陣の出陣などでした。こうした主張は、銀山附地役人の家に伝来する家康の朱印状や銀山奉行大久保長安の書状などが根拠となっており、そのため一八世紀になると彼らによって古書類の調査や整理が進められ、結果的には『石見銀山旧記』などの歴史書が編纂される動機づけとなったのです。

ところで、銀山の歴史書である『石見銀山旧記』には「銀山記」・「おべに孫右衛門ゑんぎ」・「石陽銀山記」・「銀山始納記」などの類本や異本が編纂され、またそれらの写本も多数存在し、銀山附地役人や銀山師、さらには銀山領内の人々の間で広く読まれていきました。歴史書の編纂や普及が、やがて住民におけるアイデンティティーの形成や、銀山町というコミュニティーへの帰属意識を高める結果となったことはいうまでもありません。こうした意識は後の人々にも継承されて地域遺産の保存と継承、さらには世界遺産登録に繋がる大きな原動力となった、と私自身は思っています。

注

(1)塩法は、塩商人に北辺への穀物納入を義務付けるかわりに「塩引」を交付し、専売塩の請負販売を許可するもの。

(2)二〇〇五年六月一日から四日までの間、島根県大田市で開催された石見銀山遺跡の普遍的な価値とその保存についての国際会議で、国際産業遺産保存委員会の代表、スロバキア、メキシコ、中国、日本の産業遺産や鉱山の専門家が集まった。この会議の議論を経て推薦書に提出される普遍的価値が定まった。詳細は、文化庁・島根県教育委員会ほか『鉱山遺跡の顕著な普遍的価値と保存管理に関する専門家会議』報告書、二〇〇五年を参照。

(3)二〇〇三年七月一七日、ロシア共和国のニジニータギルで開催された国際産業遺産保存委員会（TICCIH）の総会で制定された憲章で、産業遺産保存に関しての国際的な基準となる文書。

参考文献

報告書

文化庁・島根県教育委員会ほか『鉱山遺跡の顕著な普遍的価値と保存管理に関する専門家会議』文化庁・島根県　二〇〇五年

島根県教育委員会『石見銀山遺跡とその文化的景観―公式記録誌―』島根県教育委員会　二〇〇七年

著書・論文

堀井　一雄「金花銀の展開」『東洋史研究』五巻二号、一九四〇年

小葉田　淳『中世日支貿易史の研究』刀江書院　一九四一年

寺田　隆信「民運糧と屯田糧―明代における辺餉問題の一側面（二）―」『東洋史研究』二一巻二号、一九六二年
寺田　隆信「明代における北辺の米価問題について」『東洋史研究』二六巻二号、一九六七年
小葉田　淳『金銀貿易史の研究』　法政大学出版局　一九七六年
檀上　寛「初期明王朝の通貨政策」『東洋史研究』三九巻三号、一九八〇年
住友別子鉱山史編集委員会『住友別子鉱山史』住友金属鉱山株式会社　一九九一年
村井　章介『中世倭人伝』　岩波新書　一九九三年
村井　章介『海から見た戦国日本―列島史から世界史へ』　ちくま新書　一九九七年
田中　健夫『東アジア通行圏と国際認識』吉川弘文館　一九九七年
植田　晃一「一六世紀初頭の李氏朝鮮端川銀坑の灰吹法と石見銀山への伝来について」『日本鉱業史研究』三三号、一九九九年
川越　泰博『明代中国の軍制と政治』　国書刊行会　二〇〇一年
太田由紀夫「中国王朝による貨幣発行と流通」『銭貨―前近代の貨幣と国家』【もの】から見る日本史　青木書店　二〇〇一年
伊藤　幸司『中世日本の外交と禅宗』　吉川弘文館　二〇〇二年
石見銀山歴史文献調査団編『石見銀山』　思文閣出版　二〇〇二年
檀上　寛「明代の海禁の実像」『港町と海域世界』シリーズ港町の世界史①、青木書店　二〇〇五年
仲野　義文『銀山社会の解明―近世石見銀山の経営と社会―』清文堂　二〇〇七年
村上　隆『金銀銅の日本史』　岩波書店　二〇〇七年
佐伯　弘次「博多商人神屋寿禎の実像」『境界からみた内と外』（『九州史学』創刊五〇周年記念論集・下）岩田書院　二〇〇八年
丸橋　允拓「中華帝国の財政と東アジアの銀流通」『銀の流通と石見銀山周辺地域に関する歴史

学的研究』二〇〇五年度～二〇〇八年度　科学研究費補助金　基盤研究（B）研究成果報告書　二〇〇九年
遠藤　浩巳『銀鉱山王国　石見銀山』シリーズ「遺跡を学ぶ」新泉社　二〇一三年

史料

牧田諦亮編『策彦入明記の研究』法蔵館、一九五五年
「山相秘録」（鴇田恵吉編『佐藤信淵鉱山学集』冨山房）一九四四年
「鉱山至宝要録」（三枝博音編『日本科学古典全書』第十巻、朝日新聞社）一九四四年
『李朝實録』第廿六冊、学習院東洋文化研究所、一九六五年
『李朝實録』第廿二冊、学習院東洋文化研究所、一九七一年
『李朝實録』第十九冊、学習院東洋文化研究所、一九七六年
『李朝實録』第廿四冊、学習院東洋文化研究所、一九七七年

3

地域史研究からみた世界遺産

荒武賢一朗

一．世界遺産を「知る」

私は江戸時代から明治時代にかけての日本の歴史を研究しています。具体的には、商業や取引についてですが、それに関連して都市や村落の実態を明らかにしようと考えてきました。商人の活動や、商品の流通を明らかにする場合、ひとつの地域だけをみていては、なかなか理解ができません。そのため、全国各地の古文書を解読するほか、現地調査をおこなっています。さまざまな町や村の歴史をみていますので、地域の歴史を研究しているといえるでしょう。皆さんは、この地域史研究と、本書のテーマである世界遺産は、一見して遠く離れた存在に感じられるかもしれません。そのあたりの関係を、日本の地域史を研究する立場から申し上げたいと思います。

歴史の研究はしているものの、ごく最近まで世界遺産への関心はそれほど持っていませんでした。たまたま私の父親が鹿児島県の屋久島出身で、一九九三年に屋久島が世界遺産に登録されたときは少しうれしい気持ちになりましたが、自分の研究とはおおよそ結びつくとは思わなかったのです。そのことを除いては皆さんと同じかもしれませんが、毎年夏ごろになると、日本のある地域が世界遺産に決まったとか、あるいは今回は見送りになったとか、新聞やテレビで見る程度でした。

私の研究活動と世界遺産が最初に接点を持ったのは、大学生向けの教科書『日本経済史一六〇〇―二〇〇〇　歴史に読む現代』（慶應義塾大学出版会、二〇〇九年）で、コラムを執筆することになったときでした。ちょうど、執筆の依頼を受けたときに、石見銀山が世界文化遺産に登録されたばかりで、学生たちがニュースと合わせて興味を持ってくれるだろうと、石見銀山をテーマにしました。いまから考えれば安易な発想だったのですが、その経験が本書につながっているのは不思議です。それから世界遺産を意識し始めるようになりました。

さきほども申しましたように、これまで日本各地を調査で廻っていますと、平泉や石見銀山のようにすでに登録されたところもあれば、地域の皆さんが一丸となって、我が町の旧跡を世界遺産へ、と頑張って推進運動をしているところにもお邪魔する機会があります。二〇一〇年から約二年間、九州各地を調査する機会に恵まれたのですが、その行く先々では世界遺産に向けた取り組みを熱心にされている皆さんと出会いました。私たちの歴史調査も広い意味では文化財保全ではありますが、世界遺産の推進に近いのかといえば、それほどではありません。ただ、地域の文化を継承することでは考え方が一致しているので、何かのお役に立てればと思うような次第です。

海外の世界遺産には詳しくありませんが、ベトナムでは「フエの建造物群」(一九九三年登録)、「ホイアンの古い町並み」(一九九九年)、「ミーソン聖域」(同)を見学しました。いずれもかつての王宮、港町、宗教的聖域と、それぞれの歴史的背景が現在まで伝えられる重要な文化遺産でした。フエの王宮は星形の城郭で、当時の阮（グエン）朝によって一九世紀の初めに建設されています。日本ではそれよりも半世紀ほど経ってから、同じような形式で函館の五稜郭が登場します。ホイアンは古くからの港町で、一六世紀末ごろから日本船も来航し、徳川家康が江戸幕府を開いたころに朱印船貿易が展開し、日本人町もあったところです。ミーソンはベトナム中部にチャンパ王国があった時

写真1　ベトナム・フエのミンマン帝陵
（2012年11月10日　筆者撮影）

代、ヒンドゥー教の聖域でありました。ベトナム戦争でかなり破壊されましたが、調査・修復が進められ現在に至っています。

ドイツでは、ベルリンとポツダム、ヴァイマルを訪問し、それぞれの世界遺産を見学しました。ベルリンの五つの博物館が建ち並ぶ「ムゼウムスインゼル（博物館島）」（一九九九年登録）、「ポツダムとベルリンの宮殿群と公園群」（一九九〇年、九二年・九九年拡張）、「ヴァイマルとデッサウのバウハウスとその関連遺跡群」（一九九六年）、「古典主義の都ヴァイマル」（一九九八年）、といずれも当地の文化を象徴する建築・美術・公園に圧倒されました。歴史的な建造物はもちろんのこと、内装や展示の落ち着いた雰囲気に脈々と受け継がれる伝統を感じたような気がします。世界遺産であるかどうかにかかわらず、観光地

写真２　ドイツ・ポツダムのツェツィーリエンホーフ宮殿外観
（2013年９月12日　筆者撮影）

ですから多くの人々が集まっているのですが、静かな時間を共有する「空気」に包み込まれていました。ペルガモン博物館やバウハウスは日本でも有名ですが、なかでもツェツィーリエンホーフ宮殿は一九四五年にポツダム会談が開かれたところで、日本の歴史においても重要な場所です。

私の場合、見たいと思ったものがたまたま世界遺産である、ということが多いわけですが、一般的には世界遺産になったから行ってみたい、あるいは世界遺産とはどんなものか、といった関心が強いのだろうと思います。日本ではその証拠に、世界遺産に登録されてから数年は観光客が激増したという事例がたくさんありますし、「ほとぼりが冷める」とその数字は落ちていく。地域で史跡を大事に守っていこうとする運動が、いつの間にか一

写真３　ドイツ・ポツダムのツェツィーリエンホーフ宮殿内部
（2013年９月12日　筆者撮影）

過性の経済効果を生み出す道具になっているのではないか。地域社会にとっては、どちらの目的も重要なことで、白黒はっきりつけるより、多方面から意見が出たときにいかに折り合いをつけるのかが何よりも難しいかもしれません。

地域の歴史や文化は、それぞれ固有の特徴があり、そして大事なものであると考える立場から、世界遺産をめぐる多様な思惑を意識して、いくつかの事例を紹介していきたいと思います。

二．江戸時代の旅人がみた「世界遺産」

私は各地で江戸時代から明治時代の古文書を調査する機会が多くありますが、そのなかで興味深いのが旅人の日記です。タイトルは書き手によりますが、おおよそは「道中記」と言われるものが多いかと思います。江戸時代後期の文化七年（一八一〇）、八隅蘆庵《やすみろあん》が著した、旅行に関する心得をまとめる書籍『旅行用心集』では、「道中にて日記認（したため）方之事」という項目を設けられています。その内容は、旅先で名所や旧跡を見たときは「何月何日にどこで何を見たかをありのままに書く」ことを奨励しています。旅行の間に書いた日記は、帰宅してから清書をすべきだとも述べていて、これに名所で浮かんだ和歌・俳句、あるいは風景を絵にしたものを書き加えて道中記を作成するという流れです。旅人にとって道中記を書き留めることは重要だったと思います。一生に一度も旅に出ることがない人々が多いなかで、数少ない「物見遊山」は貴重な経験だったはずです。

ここでは平泉に訪れた旅人の記録を紹介しておきましょう。寛文八年（一六六八）、加賀国出身で廻船の船頭をしていた長屋與四郎《ながやよしろう》は、下北半島の大畑（現青森県むつ市）の沖合で漂流したあと、積荷を役人たちに奪われたことから江戸の評定所へ訴え出る行為に及びます。その際、現在の青森県から陸路で江戸に向かうのですが、道中で平泉に立ち寄りました。平泉に到着した與四郎は、「東は高館柳の御所、山につづきし泉の城、北の大河はきたかみよ」と記し、「心気ばらしの思い出になおもくわしく聞きたくは平泉へ上りたまえ」と書いています。周囲の旅人は、平泉を初めて通る者、光堂（金色堂）を拝みたしという、とも述べていて、江戸時代の人々の間で中尊寺や金色堂が広く知られ、ぜひ行ってみたい場所になっていたことが予想されます。與四郎の日記には、「山の姿　川の流をみわたせば　見所多き平泉かな」と詠まれた様子もありました。

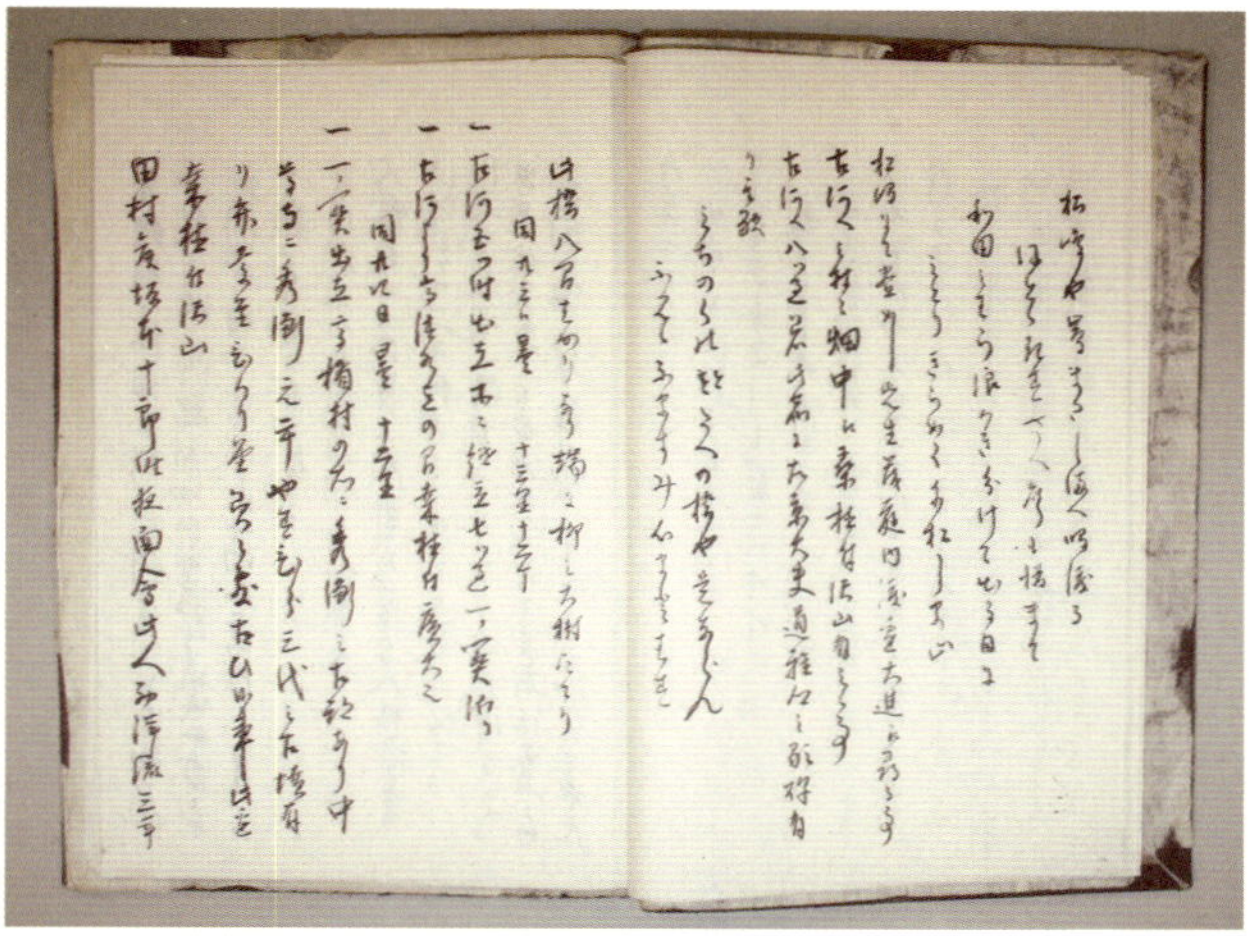

写真４　長井政太郎収集資料七二「日記」
山形県立博物館所蔵

江戸時代が終わりを迎えるころ、出羽国庄内松山（現山形県酒田市）の五十嵐正之は自身が師事する砲術家の先生とともに現在の宮城県や岩手県、そして秋田県を巡遊しました（長井政太郎収集資料「日記」）。この旅は各地の砲術家を訪ねて、いろいろと交流を深める目的があったようですが、道中の名所や五十嵐自身が気になったこと、各地で耳にした噂話を書き留めています。元治元年（一八六四）四月二四日、仙台から盛岡へ向かう途中、五十嵐は平泉・中尊寺を目指します。当日の記述では、「一ノ関出立、高楯（館）村の右に秀衡の古都あり」とし、中尊寺に奥州藤原氏三代（基衡・秀衡・泰衡）の古墳があるのだと書きました。この中尊寺では弁慶堂を拝し、ひかり堂（金色堂）を「美々敷」と最大の評価をしています。現在も金色堂は見事な美しさを保っていますが、幕末にも旅人がすばらしいと感じた様子が伝わってきます。長屋與四郎も、五十嵐正之も、平泉を世界遺産だと思って参拝したわけではありませんが、彼らのみならず、日本各地のなかで名所・旧跡、あるいはまだ見ぬ地域の歴史について共有した知識があったのだと思います。かねてから本を読んで学ぶ、あるいは他人から話を聞いて期待を膨らませながら、ぜひとも見たい、行ってみたいという気持ちは、現代に生きる私たちと一緒なのかもしれません。

三．世界遺産の観光客――栃木県日光市の場合――

最初に述べましたように、日本各地で世界遺産登録の推進運動がおこなわれています。そのなかで文化財を守る人たちと、観光客誘致や地域経済の振興を望む人たちなど、さまざまな目的によって日々の活動がなされているのだと思います。気になる点としては、①観光と文化財保全は協力できるのか、②世界遺産登録で歴史・文化の研究は進むのか、といったことが挙げられます。私はこのような素朴な疑問から、日光市教育委員会を訪問し、文化財課の鈴木泰浩さん（考古学）から、詳しいお話を伺いました。鈴木さんにはご専門の文化財保存や史跡についてご説明をいただきましたが、その前提として日光市の現況をお伝えしておきましょう。

皆さんご存じのように、日光市には世界文化遺産「日光の社寺」（一九九九年登録）があり、毎

写真５　二荒山神社
（2014 年 11 月 23 日　筆者撮影）

年たくさんの観光客が詰めかけています。「二社一寺（日光東照宮、二荒山神社の「二社」、輪王寺の「一寺」）」を有する日光市は、人口九万人弱の都市で観光に携わるお仕事をされている方々もたくさんおられます。日光への参詣は今に始まったことではなく、長い歳月の間、日本各地、とくに東日本の人々には大変馴染みの深いところです。その日光が世界遺産になったのは一九九九年で、その前後の観光客数を示しているのが次ページの表１となります。登録された翌年（二〇〇〇年）を基準とした場合、この表では最初のデータとなる一九九二年が最も観光客が訪れていることがわかり、登録後は以前よりも集客数が落ちています。このような傾向は、同時期に世界遺産となった広島の原爆ドームや厳島神社（ともに一九九六年登録）でも確認されました。しかし、一般的には登録後しばらくは観光客が増加する傾向にあると思います。経済効果をどのように評価するのかという手法にもよりますが、この表1に限っていえば、世界遺産の登録が直接的な観光客増加につながったのは一年間のみであり、大きな影響があったとは考えられません。

表1　世界文化遺産「日光の社寺」観光客数

年次	観光客数（単位：千人）	指数
1992	2,418	113
1993	2,160	101
1994	2,017	95
1995	1,849	87
1996	1,710	80
1997	1,688	79
1998	1,608	75
1999	1,583	74
2000	2,132	100
2001	1,590	75
2002	1,507	71
2003	1,489	70
2004	1,498	70

出典）内閣府政策統括官室「地域の経済 2005」より引用。「指数」は世界遺産登録の翌年（2000 年）を 100 としている。

表2　日光市・旧日光市域の観光客入込数

年次	日光市	旧日光市
2007	11,634,105	6,512,738
2008	11,273,327	6,327,147
2009	11,251,062	6,430,239
2010	11,373,865	6,559,082
2011	8,627,197	4,891,102
2012	9,497,805	5,580,842
2013	10,056,136	5,684,893

出典）栃木県産業労働観光部観光交流課「平成 23 年栃木県観光客入込数・宿泊数推定調査結果」、「平成 25 年同調査結果」より引用。

続いて表2には、最近数年間の日光市および二社一寺を含む旧日光市域へ訪れる観光客数を紹介しています。この旧日光市は二〇〇六年のいわゆる「平成の大合併」前までの日光市を指していて、それ以降の「日光市」には奥日光などの観光地が入っているので、さきほどの数字とは性格が異なるものの、おおよそ日光市全体の六割程度の観光客を吸収していることが理解できるでしょう。二〇一一年の大きな落ち込みは、東日本大震災という未曾有の大惨事が発生したことと関係が深いのですが、二年余りが経過してもとの状態に戻りつつあります。

四．日光山の歴史

現在では日光東照宮の印象が強いですが、日光の歴史は奈良時代末期にさかのぼります。僧侶であった勝道は延暦元年（七八二）に男体山（二荒山）に登頂し、その二年後に寺院を建てて日光山を開きました。それから、日本古来の神への信仰と仏教が結びつく山岳信仰の聖地として発展することになるのです。二荒山神社と輪王寺は、この神仏習合の伝統を受け継いでいます。江戸時代に入ってから大きな画期となったのは、徳川家康、家光が葬られ、日光東照宮の造営で徳川将軍家の霊廟の地となったことでした。そのことで、日光山は政治的にも大きな存在へと浮上していくことになります。

世界遺産の登録基準では、日本画の狩野探幽や大工の甲良豊後守宗広などによる作品群が評価さ

写真６　二荒山神社
(2014年11月23日　筆者撮影)

れ、宗教的建築群と自然環境の一体化など、高い文化的価値が認められた結果だといえます。そのような歴史的経過とともに、現在までにつながる伝統との関係を少しご紹介しておきます。

第一には、世界遺産登録よりもずっと前から、二社一寺の文化財保存が積極的におこなわれていたことです。現在の公益財団法人日光社寺文化財保存会は、明治維新から少し経過した明治八年（一八七五）の「保晃会」の設立に始まっています。この名称の由来は、日光（日＋光＝晃）を保存することにあったようですが、社寺の修繕や保存に大きな役割を果たしました。昭和二四年（一九四九）一二月、「今市大震災」に見舞われて甚大な被害を受けたあと、翌年五月に日光二社一寺保存委員会が設立され、国庫補助を受けながら大修繕がおこなわれました。現在の保存会では設計や修復にあたる方々が二〇名以上在籍し、日夜文化財の保存に努力をされています。神社や仏閣を支えている国産漆や、それを巧みに使える職人が減少しているなか、保存会は自前で体制を維持し、人材育成をおこなっておられます。このような人的資源の確保は、文化財に欠かせない地道な作業であり、「保存の継承」を意識した取り組みが長い年月をかけて実施されていることに驚きます。これに加えて、二社一寺と日光市行政の協力による調査などもあり、文化財保存や山内整備とその活用に向けた協力体制の拡充と、具体的な調査や研究が深められつつあるようです。

　第二には、観光の伝統が挙げられます。江戸時代から日光は観光地として有名であって、多くの人々が参拝に訪れました。その影響から、すでに「観光ガイド業」が成立しているのです。現在の日光殿堂案内組合のホームページによれば、このガイドは「堂者引き」と呼ばれおよそ三六〇年前から始まっているとのことです。そのころの「日光山条令」という古記には「山役料四十八文、案内料百文をお払いくださるならば、お宮案内をしましょう」と書いてあり、大名から一般庶民に至るまでの案内役を務めたようです。石見銀山など世界遺産の所在地には、ボランティアガイドの皆さんが観光客への対応をされている場合も多く、これは世界遺産以外でも共通していると思います。むしろ日光の場合は堂者引きの伝統をいまも大事に守っているといえるでしょう。

　文化財保存や観光産業のあり方をみると、「別に世界遺産にならなくても十分機能していたのではないか」というような感想を持ちます。しかし、観光客増加を念頭に置くことなく、純粋に歴史・

文化の継承を考えた場合、最大の成果は社寺と行政、そして地域社会の連携が強化されたことにあると思います。たくさんの人々が集まる信仰の地に、地域における協力関係が密接に機能していることが大きな収穫だといえるでしょう。

五．地域のために、学問のために

日光市教育委員会で鈴木さんからいろいろとご教示を受けた際、印象的だったのは「世界遺産のことで歴史研究者が来られたのは初めてですよ」との思いがけない一言でした。そう言われてみると、世界遺産に関して研究をする歴史家はそれほど多くないのか、と改めて感じます。世界遺産登録後、日光に来訪した研究者の多くは経済学や社会学の人々だったようです。世界遺産になったら経済効果がどれほど上がったか、観光客は増えたのか、あるいは地域住民に変化はあったのか、というテーマが中心だと察しがつきます。さきにふれたように、観光客の増加と世界遺産は必ずしも結びつかず、今までも大きな観光地であったことから地域の変化もほかに比べれば微々たるもの、といった状況を耳にして、想定が外れたと残念がる方もいらっしゃったようです。私はむしろ、その意外性を持つ日光にますます魅力を感じました。もちろん、これらの疑問も重要なことですが、歴史や文化財に注目しないのかという点は大きな課題だと考えています。「流行り物」に乗らない、ということも言えるでしょうが、私がかつて石見銀山と接点を持つようになった事例にもあるように、タイムリーな話題と研究が結びついても不思議ではないような気がします。

このことから世界遺産によって歴史を含めた学術研究家は増えたのか、という疑問が浮かびます。日光には地元に郷土史研究の団体があり、そして考古学の発掘なども実施され、従前より地元の研究者は熱心に活動されているようです。内部では熟成されているのだということがわかるのですが、やはり外部からの積極的な調査・研究を期待するところです。人々の注目が集まっているからという理由だけではなく、古代から現代につながる歴史的特質を明らかにすること、地域の遺産としての意義を発見することに努めるべきでしょう。

六．おわりに

以上、思いつくままに世界遺産について述べてきました。一九九〇年代には珍しかった世界遺産も、現在では数々の地域が登録され、正直なところ、「あそこも世界遺産になったの!?」という一般的印象もあるのではないでしょうか。それから、観光客が激増したことで地域住民の皆さんが迷惑を受けることや、環境破壊や騒音問題などといった課題が語られるようになりました。推進していたときには、良いと思ってやっていた、我が町の誇りだと考えてきたはずですが、どこでも想定通りに事は進まないのだと思います。これは日本だけではなく、世界各国でも同じ苦悩を抱えていますし、歴史・文化財と、観光・開発・商業化が共存する以上、避けては通れない問題です。論点になるのは、何を重視するのかということでしょう。
歴史研究をしている立場からすれば、世間から注目を集める世界遺産のニュースは大変影響のあるものですし、人々が興味を持っていることと、研究が発展することが両輪になって前進すればこの上ないことです。もちろん、スポットライトを浴びることのない隠された歴史的財産を世の中に紹介することも大きな義務ではありますが、「みんなの知っている文化遺産」が「身近で親しみやすい文化遺産」につながっていくことも重要でしょう。
いろいろな人々がそれぞれの価値で世界遺産に接するわけですが、ひとつだけルールを設定するならば、「なぜ世界遺産は重要なのか」ということを共有することが大事だと思います。

謝辞
本稿の作成にあたっては、日光市教育委員会事務局文化財課の鈴木泰浩氏に大変御世話になった。末筆ながら記して謝意を申し上げたい。

参考資料
・山形県立博物館所蔵長井政太郎収集資料七二「日記」

・長屋與四郎「海陸世話日記」（森銑三ほか編『随筆百花苑』第一四巻、中央公論社、一九七九年所収、中野三敏校訂解題）

参考文献

・江田真澄ほか「日光市街における宿泊施設の立地と変容」（『地球環境研究』四号、二〇〇二年）
・山澤学「自治体史編纂と世界遺産「日光の社寺」をめぐる諸問題」（『関東近世史研究』七五号、二〇一四年）

執筆者紹介

入間田　宣夫（いるまだ　のぶお）

一九四二年宮城県生まれ。一九六八年東北大学大学院文学研究科国史学専攻博士課程中退。東北大学文学部助手、山形大学教養部講師、東北大学教養部教授、東北大学東北アジア研究センター教授などを歴任。二〇〇五年東北大学を定年退職。その後も東北芸術工科大学教授、同大学院長などを経て、現在は一関市立博物館館長、東北大学名誉教授。日本中世史、東北地方の地域史・文化財保存について研究。主要論著に、『北日本中世社会史論』（吉川弘文館、二〇〇五年）、『平泉藤原氏と南奥武士団の成立』（歴史春秋出版、二〇〇七年）、『北から生まれた中世日本』（共著）（高志書院、二〇一二年）、『講座東北の歴史』一〜六（監修・共著）（清文堂出版、二〇一二〜一四年）などがある。

仲野　義文（なかの　よしふみ）

一九六五年広島県生まれ。別府大学文学部卒業後、石見銀山資料館学芸員などを経て、現在は石見銀山資料館館長。銀山やたたら製鉄史、石見地域を中心とする中国地方・島根県の地域史について研究。主要論著に、『銀山社会の解明―近世石見銀山の経営と社会―』（清文堂出版、二〇〇九年）、『世界遺産石見銀山を歩く―歩く旅シリーズ街道・古道―』（共著）（山と溪谷社、二〇〇七年）、『「海」の交流―古代から近世までの瀬戸内海・日本海―』（共著）（中国地方総合研究センター、二〇一二年)、『大久保長安に迫る―徳川家康の天下を支えた総代官―』(共著)(揺籃社、二〇一三年)、『大航海時代の日本と金属交易』(共著)(思文閣出版、二〇一四年)などがある。

荒武　賢一朗(あらたけ　けんいちろう)

一九七二年京都府生まれ。関西大学大学院文学研究科博士後期課程修了。大阪市史料調査会調査員、日本学術振興会特別研究員、関西大学助教などを経て、現在は東北大学東北アジア研究センター准教授。日本近世史、経済史について研究。主要論著に、『屎尿をめぐる近世社会―大坂地域の農村と都市―』(清文堂出版、二〇一五年)、『日本史学のフロンティア一―歴史の時空を問い直す―』・『同二―列島の社会を問い直す―』(共著)(法政大学出版局、二〇一五年)、『通説を見直す―一六～一九世紀の日本―』(共著)(清文堂出版、二〇一五年)、『近世後期大名家の領政機構―信濃国松代藩地域の研究Ⅲ―』(共著)(岩田書院、二〇一一年)などがある。

東北アジア学術読本

1『シベリアとアフリカの遊牧民―極北と砂漠で家畜とともに暮らす―』
（高倉浩樹、曽我亨）、二〇一一年

2『東北アジア　大地のつながり』
（石渡明、磯﨑行雄）、二〇一一年

3『途絶する交通、孤立する地域』
（奥村誠、藤原潤子、植田今日子、神谷大介）、二〇一三年

4『食と儀礼をめぐる地球の旅―先住民文化からみたシベリアとアメリカ―』
（高倉浩樹、山口未花子　編）、二〇一四年

世界遺産を学ぶ
──日本の文化遺産から──
Let's learn a world heritage
World cultural heritage of Japan
（東北アジア学術読本　5）
©IRUMADA Nobuo, NAKANO Yoshifumi,
ARATAKE Kenichiro 2015
2015 年 12 月 11 日　第 1 刷発行
著　者　入間田宣夫・仲野義文・荒武賢一朗
発行者　久道　茂
発行所　東北大学出版会
〒 980-8577　仙台市青葉区片平 2-1-1
TEL : 022-214-2777　FAX : 022-214-2778
印　刷　株式会社　仙台共同印刷
〒 980-0039　仙台市宮城野区日の出町 2-4-2
TEL : 022-296-7161　FAX : 022-236-7163
ISBN978-4-86163-263-1　C3339
定価はカバーに表示してあります。
乱丁、落丁はおとりかえします。

東北アジア学術読本について

シベリア・モンゴル・中国・朝鮮半島そして日本を総合的に捉える地域概念である「東北アジア」は、歴史的にもまた現在的にも我が国の重要な近接空間である。本シリーズは、この地域の自然・歴史・文化・社会に関わる基盤的知見や、人文社会科学・理学工学の多面的な視点から切り開いてきたアクチュアルな諸問題にかかわる研究成果を、専門家はもとより、より多くの方々に広く知ってもらうことを目的に創刊された新たな試みである。